金牌交易员多空法则

如何在股指期货和商品期货交易中获利

冷风树◎著

北方联合出版传媒（集团）股份有限公司

万卷出版公司
VOLUMES PUBLISHING COMPANY

ⓒ 冷风树 2011

图书在版编目（CIP）数据

金牌交易员多空法则：如何在股指期货和商品期货
交易中获利／冷风树著．—沈阳：万卷出版公司，
2011.6

（引领时代）

ISBN 978-7-5470-1017-4

Ⅰ．①金… Ⅱ．①冷… Ⅲ．①股票—指数—期货交易
—基本知识②期货交易—基本知识 Ⅳ．① F830.9

中国版本图书馆 CIP 数据核字（2010）第 100072 号

出 版 者	北方联合出版传媒（集团）股份有限公司
	万卷出版公司（沈阳市和平区十一纬路 29 号　邮政编码　110003）
联系电话	024-23284090　　**邮购电话**　024-23284627 23284050
电子信箱	vpc_tougao@163.com
印　　刷	北京市通州富达印刷厂
经　　销	各地新华书店发行
成书尺寸	165mm × 245mm　**印张**　15.5
版　　次	2011 年 6 月第 1 版　2011 年 6 月第 1 次印刷
责任编辑	李文天　　　　**字数**　200 千字
书　　号	ISBN 978-7-5470-1017-4
定　　价	42.00 元

我始终认为，只有与那些成功的人走的是同一条路，才能得到他们思想上的教诲，那些总是走着与成功之路相背离的路的人，怎么有可能学到他人的成功经验呢？

一个冲动而又不择时机的投机者，必然会喜欢并迷恋频繁的交易。一个交易频繁而又缺乏正确"交易观"的投机者，想要让他静下心来听听那些长线交易成功人士的教诲，他又怎么能听进去呢？

让我感触最深的是，正确的理念和正确的理念可以相互学习，错误的理念与正确的理念通常都是相敌对的。好的观点从来就不会与错误的观点相融洽。所以，只有那些理性而又喜欢独立思考的人才会清楚明白地分辨出什么是正确的，什么是错误的；那些只知道顺从自己的个人喜好，喜欢根据自己的性格使然看待事物的人，又怎么能够清楚明白地分辨出对错优劣呢？即便是最正确的真理放在他们的眼前，也会被他们否定，很难有什么本质上的改变。

我们总是有着这样的期盼，希望一个人如果不是天生俊美，缺点少些也行啊，可现实不是这样的。所以我通常会把期货市场看成是"人性的放大镜"，在这里，所有的人性都会清清楚楚、暴露无遗，而无知在这里则是最大的"看点"，并加剧了贪婪者的错误程度，而最幸运的人就是那些天生具备谨慎品质的人，贪婪的人性总会被天生的谨慎控制住。

在期货市场中无视风险，贪婪而又任性，你就会犯致命的错误。我想如果你是一位成熟的投机者，那你一定经历过被市场置于死地的窘境，失去了所有的信心，失去了所有的希望，有的只是懊恼和悔恨。然而只有经历过这种生死劫的投机者才会在重生时，更加成熟也更加顽强。不平凡的经历总会获得不平凡的知识。人只处于死地的时候，才能够真正的重新回顾自己当初的所有行为，才能够清楚明白的知道自己的正确与错误，才能够发自内心的悔悟和忏悔，得到灵魂上超脱。否则所有的人都会对自己的错误视而不见或巧言辩解，而这种失去本心的自我愚弄，会让投机者的思想始终处于错误的自我意识之中，最终歧路亡羊。

所以，在本书中，我尽可能的把握理性投资和趋势至上的要则，为投机者讲述期货投机中的各项规则和方法，为你指明一条正确的路，或给你一些正确的启发，让你的创新有据可依。当然，本书中的内容未必能够让你立即成为投机高手，我也从不敢奢望自己能够写出一本书来让所有的人都变成富翁或投机高手，但我却总是试着从一些至深而致远的真理谈起，让你漫长的投机之路一开始就能够处于正确的位置、且方向明确。

我从不认为期货投机是一件简单的事情，反而我认为期货投机是一件非常具有挑战性的易通难精的行当。市场行情的千变万化不断震撼着人的思想，失落与振奋的巨大落差，也让投机者对市场的认知不断攀上一个新高度。所以，我喜欢投机，喜欢在这其中沉浮，也喜欢把投机当成我一生的事业来做，喜欢那些让人悲喜交加的跌宕起浮，喜欢为了考虑清楚一个问题而昼夜辗转的冥思苦想，喜欢很长时间迷茫之后的豁然开朗……

本人经验尚浅，书中难免有不妥甚至错误之处，希望能够得到广大读者的指正，也希望各位前辈能够不吝赐教。

最后感谢张道军先生在本书写作过程中给予我的极大帮助，也对智品书业（北京）有限公司和万卷出版公司的各位同仁的努力付出，谨致衷心的感谢。

冷风树

2009年10月30日于山东乳山

目　录
CONTENTS

金牌交易员多空法则
如何在股指期货和商品期货交易中获利

第八章　管理你的交易行为——贯彻执行，落实为本，避免情绪干扰

第一章

Chapter1

扭转你的错误观念——
了解交易常识，掌握基本理念

第一节 放弃暴利倾向，
不要把成功与一朝暴富相混淆

Section1

很多人都将一朝暴富与成功相混淆了，他们总是喜欢将那些一朝暴富的人当成真正的成功者。

但是，我不得不说，他们的这种对成功的认识是错误的，基于这种思想的成功是不可取的。事实上，这种错误的认识很容易让人产生急功近利的想法，并放弃本应有的努力而倾向于投机取巧。

然而事实证明，在期货市场中，急功近利的人通常无法长久稳定地获利，具有这种想法的人根本无法保持恒久的耐心，他们总是企图摆脱时间的约束，早日实现发财的美梦。

可是，现实中的期货市场要比那些投机者倔犟得多，于是他们越急于赚钱就越赚不到钱。所以，在投机市场中，你必须要清楚地认识到：投机市场不会因为你来了就上涨一段时间或下跌一段时间，让你快速地达成所愿；你只不过是汪洋中的一滴水，林子中的一棵小草，你的力量微不足道。想一想，与一个妄想狂一样期望自己到来之时，市场就应该发生点什么变化的想法是多么的弱智。再想一想，既然知道了自己在市场中根本就没有什么影响力，却在固执地幻想着自己能够碰到好运气，遇到一波大行情大赚一笔的做法是不是有些不可理喻？继续往下想，既然自己没有那么好的运气，也根本不可能预料到什么时候能够真的遇到一波大行情，那为什么不痛下决心加强自己对市场的认识，认真学习操盘技能；为什么不完善一下自己的交易思想，以超凡的技能来积累财富，做一个获利稳定且持久不败的金牌交易员呢？

所以，在这里我要提醒那些初入期货市场的新手们，你应该放弃所有的幻想，好梦该醒醒了。你必须知道股指期货市场和商品市场可比你平常认为的最冷酷的人冷酷多了，在这里面没有人情，没有反悔，更没有商量的余地，有的只有赢和输这两个最直观的结果。所以，如果你正处于窘境，希望老天保佑你，让你能够凭着运气"糊上几把"，以解危难之局，最大的可能就是：你会更加潦倒。

除了那些富二代之外，我还真没听说过哪个人不用努力就可以获得大笔的财富，不通过艰辛的努力，就可以在期货市场中成功的人，更是闻所未闻。你真的认为你会是第一个吗？照照镜子看一下，你是不是皮肤白皙、面色红润、鼻直口正、天庭饱满……如果你发现自己似乎并不符合上述福相的要求，那还是尽早认命吧，放弃那些不切实际的幻想，还是老老实实地依靠自己的努力来争取那些有把握的成功吧，我想这样会更实际一些。

大多数人都把股指期货和商品期货的空头交易和多头交易看成了是赌大小，他们总是会错误地认为，这玩意儿要想赢，就必须要看得准，押得大，一旦运气好，就可以一口吃个大胖子。然而，我要告诉你的是：千万别这样去做，这样的做法根本就不靠谱！在股指期货市场和商品期货市场中仅靠着运气走向成功是行不通的。在这里，能力的作用要比运气大得多，这个世界上不仅仅运气好的人可以赚到钱，能力强的人也能，并且能力强的人要比运气好的人更有底气，也更持久一些。所以，如果你认为自己的运气并没有好到可以"一路飘红"，且又想在期货市场投机成功，那还是刻苦一点做个能力强的人吧。像那些实力派歌星一样，既然自己没有那么秀美的长相，做不成偶像派，那就多努力一些，做个实力派吧。因为能力强的人通常能够把那些运气虽好但能力太差的人的好运气夺过来，变成一个因能力强大而改变了命运的人，并最终随着能力的不断提高运气也越来越好。这就是勤奋与智慧的结果。

记住，研究投机技能、学习投机知识的时候要刻苦，那些在投机市场有所斩获并最终成功的投机者通常都是一些为投机付出了无数心血的人，因为仅凭聪明和好运气就能够应付市场变幻、并最终获利的人是凤毛麟角。用非凡的能力争取来的成功才是众望所归的成功，也是成功最核心的本质。所以，如果你选定了这一行，就应当将它视为一个严肃的行业，并诚心敬业，而不是将它作为运气的试金石，自贬身价，向门外汉看齐，自我堕落的后果就是被市场淘汰。

第二节 保护好你的本金，不要做一头"勇敢的猪"，不要认为这很容易，实际上你很难做到

Section2

期货市场中最大的谎言就是"以小博大"，这种市场资金的过度的开放与投机者经验的相对不足，很容易误导那些急功近利的投机者"兴高采烈"地引火自焚，他们通常喜欢重仓持有大量的单子，并在亏损之后顽固抵抗。

在商品期货市场中，交易的方法与股票完全不同，很多自认为已经在股票市场中"练"了那么几下子的投机者，因为不懂资金管理，不懂期货市场的规矩，导致资金杠杆使用过度而最终栽了跟头。所以如果你是一位股票市场的投机者，因满仓进出而小有斩获，踌躇满志地打算到股指期货市场和商品期货市场中满仓进出再划拉点钱，那你就是个不知天高地厚的傻子，因为你把期货交易看得太简单了。投机者的介入，好像是去登永无止境的梯子，必须要从下面拾级而起，并遵循实际的道路，向前进行。

在期货市场中，最重要的是你应该首先考虑能不能保住自己的本金，以及如何保住自己的本金。事实证明，那些不知

天高地厚的狂人往往都会因为太自信而过于激进，承担了过度的风险，到最后失去了本金。所以，我要提醒你的第一件事情就是：下你玩得起的赌注。玩你能玩得起的，玩不起的千万别玩，不然你会输得什么都没有了。

目前的期货市场相对于股票市场而言，有三点明显的特殊性，第一点不同的是：保证金交易。

期货市场通常采用保证金制度，你只需要支付5%～15%（根据品种和各交易所的要求，保证金的比例也不尽相同）的保证金即可下场交易100%的合约，即你只需要支付5万～15万元的保证金，就可以交易100万的合约期货。这就是各大期货交易所所不断鼓吹的"以小博大"的原理。于是所有的投机者都被这个"以小博大"的神话所吸引，飞蛾扑火般拥了进来。

记得很多年以前，在一本书中，我看到了一篇有关国外股指期货的文章，那其中不断地描述一些成功的投机者靠着股指期货"以小博大"的赚钱神话，那时候的我正在一门心思寻找赚钱之路，看了这一篇文章，心中不由掠过一丝惊喜，暗自想道："这是不是我正在不断寻找的赚钱之路呢？我是不是应该在这方面试一下呢？"总之，那时候的我，满脑子似乎有用不完的想法，每个想法都与一朝暴富紧密相连。于是，我将这篇文章打了记号，将书揣在怀中，踌躇满志地开始四处打听我们中国有没有股指期货交易市场。那时候，我刚刚二十出头，正因为没有钱而为生计犯愁，也不知为什么竟然无知到有了这种想法。

无知通常会让人蛮干，并且撞了南墙也不知悔改。那时候，在打听无果的情况下，我隐隐约约地回想起以前似乎有人说过我们中国有过股指期货交易，后来据说又终止了交易。于是我只好暂时放弃这个念头，重新加入到上班行列。

直到很多年之后，我在一个朋友的怂恿下，真的进入到期货市场中了，我们的想法很简单，那就是要"以小博大"，发一笔大财。那时候我的脑子里"以小博大"的念头已经是根深蒂固了，所有人的劝阻都只能增强我的抵抗能力。并且，我也非常在意一家交易所的保证金比例，我希望交易所的保证金比例越小越好，因为只有这样，我才能够使用更大的资金杠杆。

然而，在现实中我却发现，自己是多么的无能且无知，我竟然在开仓的时候，计算不出使用多大的保证金比例，也不会计算盈亏的比例。换言之，我对资金管理和风险管理一窍不通，却在幻想着如何通过资金杠杆来"以小博大"。为了降低风险，我采取了我最不擅长的短线交易，因为我听别人说得最多的就是做期货交易，而风险最低的交易方式就是日内短线交易，这样，可以增大资金的使用量，充分发挥资金杠杆的作用，博取最大的收益。

然而，事实上并非如此，我开始时的交易非常不顺利，在期货市场中哪有这么容易就能够赚到钱的事。短线交易是件颇费心力的事情，再加上自己对使用多少保证金比例心中没底，以及以小博大的心理作祟，我所使用的资金比例往往会超过50%，所以行情的任何波动都极度地刺激着我的神经，我的眼睛总是瞪得大大的，目不转睛地盯着行情，生怕错过任何一次机会。就这样，我每天都会被行情的波动搞得神经分分，疑神疑鬼。没过多久就因为仓位过重而心力憔悴，害怕遭到较大的亏损，只好退出交易。

试想一下，一个交易技术不过关、对资金管理和风险管理一窍不通的人，如何能够理性而平静地对待每一笔交易和每一次波动。所以，我始终认为，对于一个新手而言，过多地跟他们宣扬要冷静、要理性，是没有多大意义的。因为从实际中我体会到，一个投机者能不能理性下来和能不能冷静地对待行情的变化，最根本的原因是来自于对市场本质和交易本身是否有着充足的认识和了解之后的胸有成竹，而不是一无所知下的刻意控制。投机者必须知道，对保证金的杠杆比例缺乏精确的计算，会导致资金使用过度而很快爆仓。虽然你交易时所使用的资金杠杆只有5%~10%，但如果你采用较高的杠杆，你交易时的亏损却是按照100%的比例出现的。比方你有100万元的保证金，每份期指合约的面额为100万，保证金的比例为10%，你交易一张期指合约只需要10万元的保证金，于是乎你想以小博大，一下子做10张期指合约（实际上有经验的投机者是不会这样做的，具体的操作方法我们会在后面的章节中作专门的讲述），这样你就相当于一下子操作了1000万元面额的期指合约。然而，如果你错了，一旦亏损10%，你的本金就会全部赔光，因为虽然你开仓时的资金只需要10%的本金，但亏损却是按照100%的比例计算的，即假如你用100万元的保证金做了10张面额100万元的期指合约，你的盈亏是按照1000万元的价值计算出来的。如果你看多行情，开仓建立了10张看涨合约，面值为1000万元，结果你错了，行情下跌了10%，那么交易所就会按照1000万元的面值为你计算亏损金额，你的亏损金额就是100万元，这样你就爆仓了，你的资金账户就变成了0；相反，如果行情上涨了10%，那你的资金也就会增加一倍。

所以，就这样，很多人都会被这种看起来以小博大但实际上却风险重重的交易方法迷惑，他们误认为期货交易中的机会是一半对一半的，只要放胆博一下，资金很快就能够翻一番，但是这样做的结果通常都会让这些人叫苦不迭。接下来我们就来讲解一下，为什么这种方法行不通。

与股票市场的第二点不同的是双向交易。

股指期货和商品期货可以双向交易，既可买涨，又可卖跌。这看起来似乎赚钱的机会多了一倍，但对那些入市不久的新手来说实际上却更难抉择了。在一个只能因看多市场而买入股票的市场中，这种双向决策甚至有些不可思议。因为在股票市场中，所有的投机者都只能够买涨，所以，只要你不停地"赌"下去，不断看涨，你总有对的时候，你的机会真的就是一半对一半；但是在一个既能看多，又能看空的市场中，你就会因为多了一个选择而犹豫不定，此时你的机会就不是一半对一半了，而是只有四分之一的正确率。因为如果你只是一根筋地买多，你的机会才是50%，就像掷铜板一样，如果你不断地猜正面，到最后你的机会就真的是50%，但是如果你一会儿猜是正面，一会儿又猜是反面，你对的概率就会大大地降低，只有25%还不到。所以，在一个可以双向交易的市场中，你会发现行情总是既像要上涨的样子，又像要下跌的样子，让你很难拿定主意。这就是期货市场与股票市场的第二点不同所导致的另一个难点。要想摆脱这个难点，投机者就必须要创建一套属于自己的能够让自己深信不疑的交易系统，否则你就很难克服这一难点。

第三点不同的是，受合约交易的时间限制。

在股票市场中，如果你错了的话，你就会被套牢，如果你有足够的耐心，并坚持过那段让人心碎的亏损时期，当牛市到来之时，你就有可能解套，甚至扭亏为盈，虽然这并不是什么好方法，但却是事实。然而在股指期货和商品期货交易中，如果你企图采用如此拖延的方法扭亏为盈，却是行不通的，因为期指合约和商品合约是有时间限制的，比如你买入的是12月的期指合约，你被套牢了又不能及时止损，如果到了期指合约的交割日期，你不能及时换月，你就会被交易所强行平仓，你想赖都没有可能。所以死拖硬赖的交易方法在股指期货市场和商品期货市场中是行不通的，你必须克服慵懒的心态，及时处理亏损的仓位。然而，现实中的你必定会因为缺少经验而过度地使用资金杠杆，并在出现大亏的时候心存侥幸，忘却这一规则，你会听之任之直到爆仓为止。

上面我们提到的这些，都是你在股票市场中闻所未闻、见所未见的规则，并且也是你必须认真面对的现实问题，在你还没有搞明白这些问题之前，请先不要激情澎湃地在开户后的第二天就跃跃欲试地想要"试试水"，最好的方法就是先多下一些工夫研究一下上述规则，这样即便是亏了，起码也知道个一二三，"死"得也慢点。

记住，在投机市场中，资金安全永远是第一位的，就像驾驶汽车一样，只有把安全放在首位，以此为出发点，你才能够知道在什么时候应该怎样做。谨记，如果你的方法有可能危及资金的安全，那么你的方法就不再是方法；如果行情的走势有可能导致你的资金受损，那你就必须放弃其他的一切规则，永远遵循资金安全这一根本性规则。

第三节　多关注交易的过程而不是太多地关注结果，因为好的过程必然会有好结果

Section3

"只有非凡的品质才能创造非凡的成功，没有伟大的人格就不会有伟大的功绩"，这就是我一直信奉的人生信条。

在我最初亏损的那一段很长的时间里，我已记不清有多少个夜晚，我在床上辗转反侧，反复思量自己的交易，以至于过分追求一些并不实际的理想化交易方法和盈利标准，希望能够从中寻求出一条切实可行的路。但是，盈利的不稳定导致我不断地迷惑，并不断地将自己的计划和目标改来改去。最终我发现，过分地关注每笔交易的绩效，并为此不断地努力，并不能真的帮助我提高交易的收益，反而让我产生了过分的焦虑。换言之，过度关注交易的结果，会让人变得刻薄而焦躁。

在一次偶然的机会里，我看到一个果园中有一位农夫在修剪他的果树，这让我的脑子里突然间冒出了一个想法，这个想法就是：一个好的农夫只需要在季节到来之时做好自己的本分，就可以随着时间的延伸而获得收益。他们并不会去思考这一次我的果园中会收益多少，或应该收益多少，他们只是采取了最简单的做法，那就是专注于修剪果树的枝蔓，因为只有这

样才能有利于果树生长，并获取最大的种植收益。猛然间，我想到了解决这一问题的方法，那就是：致力于交易中的细节，不要过于关注结果。将所有的精力都用在盘算交易的盈和亏上，明显有些本末倒置，舍本求末。

于是，我不得不重新思考新的模式，将所有的精力都用在研究如何能将交易做得更好一些，而不再是随着交易结果的好坏而心情起伏。与其说是思考新的模式倒不如说改变努力的方向和角度，我已经开始像个农夫一样，不在乎明年是不是风调雨顺，我在乎的是我有没有及时地把"果树修剪好"，只要我把该做的都做好了，季节自然会带给我收获。自此以后，我开始藐视每日的盈亏，因为我知道如果我能够坚持不懈地研究市场，不断提升自己的交易技能，最终我必定会拨乱反正，将那个可恶的"亏"字抹去，因为我是在从根本上着手，去"纠止"目前亏损的结果，而不是醉心于研究如何改变表面的盈亏上，以及编造各种谎言隐瞒事实或巧言辩解。换言之，在打棒球的时候，我应该把目光投在球上，而不是记分牌上。

所以，聪明的投机者知道，在投机市场中交易，要关注交易的质量，而不是交易的结果，如果你的交易符合市场的节奏，且又达到了最佳标准，那么财富也必然会滚滚而来，正确而又合乎时宜的交易本身就饱含财富，不需要刻意去费心地思量；相反，如果你的交易本身就错误不断，且又逻辑混乱，即便你再努力地关注结果，也不会产生任何利润，利润不会因为你的过分关注而产生，它只会在你交易正确的时候才会产生，它是正确交易的必然产物。

所以，致力于如何能够正确地交易，远比你每日关注交易的盈亏要更直接、更有效，也更能提高你的交易水平。所以如果你不想受自己的情绪所控，不想让每天的盈亏来搅得自己坐卧不安，最好的方法就是转移精力的集中点，将所有的精力都集中到如何高质量地做好每一笔交易这个最根本的问题上来，并从此不再为每日的盈亏而烦恼。

但是，投机者也必须知道，即使你再努力，错误照样会不期而遇，甚至会导致你在很长一段时间里一无所获，甚至深陷亏损之中。如果你已经选择了投机为生，那你就必须不弃不离，全力以赴地去做好它，不要在遭受亏损的时候轻言放弃，你必须咬紧牙关挺过去，否则你可能就真的被消灭了。因为相对于一个职业投机者而言，特别是在期货市场中，这样的情况有时候真的不可避免。切记，在投机市场中千万不要万念俱灰、彻底放弃，即便是你真的一无所有了，也应该正视这一切。一个从来没有陷入危机中的投机者并不能算是一个成熟的投机者，因为那些整天被暖风吹拂着的花草，很难抵御寒冬的严酷，只有那些坚韧不拔且饱经风雨的人，才能够性情坦然地面对市场中的是是非非、起起落落。

事实证明，一个能够坚持到底、不弃不离的人，到最后都能够如愿以偿地得到他们所希望的。正如有句话所言：我们必须咬紧牙关，全力以赴地去做一件事情，否则，我们将一事无成！

第四节 致力于自己的研究，
　　　　而不是委托居间人代理操作

Section4

很早以前我就知道实力是不可多得的东西。在投机市场中，要想确保安全受益，就不能寄托于别人的恩赐之上，市场总是踩在弱者的"尸体"上前进，这就是弱肉强食的投机世界。要生存、要尊严，就需要有强大的精神力量和资金力量。所以，我非常喜欢从那些成功的投机名著中找"金子"，并试着寻找它们的"发光点"。所以，我相信，凡是有成就的投机者，必定是一个勤劳且具有创造力的人，他们始终生活在自己的创造之中，只不过粗看起来不太容易觉察而已。

很难想象一个不热爱投机的人会成为一个优秀的投机者，会明白了解投机的真谛，仅靠着一些不靠谱的小道消息和一些自欺欺人的预测，如何能够成为一个伟大的投机者？更让人难以容忍的是那些所谓的名人在通过一些卑劣的手法取得了一些成就之后，就开始污蔑过去的一切真正的投机真理，他们不但没有创造力，还玷污埋没了那些让人所敬的至真的经典理论。

试想一下，在这样一个埋没真理的环境下，如果你不是真挚地喜爱投机，并为你的所爱而奋斗，你如何能够在一片满是淤泥的沼泽中发掘到智慧的宝藏？发掘不到你所应有的智慧宝藏，你就必定知识浅陋，能力薄弱，即使你能明达而超然，那也毫无意义。你可以心地善良，但如果你缺乏投机所必需的能力，你就会因为愚蠢而被市场消灭，那还不如拘泥而终来得痛快。

致力于艰辛的研究，虽然会让你感到身心疲惫，并时常眼睁睁地看着别人肆无忌惮地赚着大笔的钱，而你却毫无办法。但是试问，世界上的一切成功有哪一种是毫不费力而轻易得到的呢？况且，这种方式虽然有此弊病。但是，相对于你远大的前程而言，这种小疵，那就不值得说了。所以，要有所成，必须热爱，而所爱的也必须是你所敬的，然而不是你明白了解的东西，又如何能对它发生敬意？

所以，我一直反对一个投身投机市场的人因为恐惧和取巧的因素而放弃自己的研究，让他人代劳，这种做法不但会断送你的前途，也会损失你的财富。因为现实中那些才华逊色的居间人通常都会为了自己的私利而损害你的利益。他们所有的交易只不过是为了收取你的管理费而已，并且这其中掺杂着大量的骗局。他们赚着必然的钱，而你却必定亏损连连。可能你会说，只有在你盈利的前提下他们才会收取你的费用。因为这一点，你可能会暗自窃喜。但我要告诉你的是不要高兴得太早，很多人有类似于此的想法，所以只要有这种傻瓜想法存在，他们就有钱赚。他们的方法非常简单，那就是在一个机会上用两个不同的账户开出双向的仓位，然后他们坐收渔人之利就可以了。等到其中的一个账户盈利之后，他们就只赚那个盈利仓位的钱。如果他们想不断地进行下去，他们就必须要找更多的傻瓜，以便可以不断地改变亏损的对象。比方有10个账户，他们会用其中的5个买入看跌合约，用另外的5个账户买入看多合约，然后等到其中的5个账户盈利了之后再全部平仓，收取其中5个盈利账户的费用；然后再将盈利账户分为两拨，继续进行下一笔交易……就这样，他们不断地重复这个过程，总会有一些人盈利，并且还会有少部分人不断盈利，就这样，他不用付出什么能力，实际上，他们也不可能掌握什么能力，就可以赚着大笔的钱，而你则最终损累累。这个骗局我们会在后面有专门的讲述。

所以不要吝啬学习的成本，不要因为暂时的努力没有回报就心灰意冷，很多人都会因为自己的努力劳而无果愤愤不平。每当看到那些无知而又愚蠢的人赚到大钱时，这种心理就会加剧，甚至有放弃努力"自断经脉"的倾向。这是不可取的。

还是用一个寓言故事来结束这一节吧。

在一片果园中，有两棵果树，三年之后，这两棵果树终于结了。第一年它们各结了10个苹果，但9个都被园主拿走了。对此，第一棵苹果树愤愤不平道："这太不公平了，我们付出了那么多的努力，最终只得到一个苹果。"于是便"自断经脉"，拒绝成长。而另一棵苹果树则毫无怨言"任劳任怨"地继续成长。到了第二年，第一棵苹果树只结了5个苹果，4个被拿走，自己得到1个；而第二棵苹果树则结了20个苹果，18个被拿走了，自己得了两个苹果。第一棵苹果树得意地说道："哈哈，去年我结了10个苹果只得到了1个，今年我只结了5个苹果但也得到了一个！我得到的是五分之一，翻了一番。可是你结了20个苹果却只得到了2个，还是十分之一，你所得到的比例并没有增加啊。"说到这里，这棵苹果树心理似乎平衡了很多。

另一棵苹果树则不以为然地说道："我并不在乎现在能够得到多少个苹果，我所在乎的是我能不能继续成长，这才是最重要的。譬如今年，我只结了20个果子，被拿走18个，自己得到2个。但很可能，明年我就会结出100个果子，即使被拿走90个，我自己还能得到10个。但没关系，只要我还可以继续成长，第三年结200个果子，我就会得到20个……其实，得到多少果子不是最重要的。最重要的是，我在成长！等我长成参天大树的时候，那些曾阻碍我成长的力量都会微弱到可以忽略。"

记住，无知者吃大亏！在投机市场中，你会时不时地见到很多无知而又愚蠢的人因为运气好而无缘无故地赚了大钱，但辛苦努力的你却什么都没得到，然而不要为其所动，不要愤愤不平，不要太在乎暂时果子的多少，能够继续成长才是最重要的，只要你能够继续成长，这种持之以恒的坚持早晚会让你轻松自如地战胜那些无知但运气好的人。记住，不要埋怨付出没有回报，回报只是相对滞后一些。所以如果你有志于此，请立志宣誓：任何外界带给我的最大诱惑，我都会视而不见，不变初衷！

第五节　不要高估自己，在市场面前，你永远都是个小学生

Section5

过分自信的人容易产生不合预期的幻想，并放松了对风险的警惕性。那些在投机市场中混了几年，喝过几年"墨水"的人，通常会有一种不合情理的自信，他们总是自信地认为自己有能力捕捉到市场的各种风云变幻，把握市场的命脉。但结果他们往往会被市场中的各种变化搞得团团转。

经历了这么多年的投机生涯，让我唯一感觉到的是市场的多变性，我们总是口口声声地说，我们发现了某一规律，但实际上我们所谓的规律只是一种相对而言的可能性罢了。如果你是一位久经沙场的投机者，此时回过头去想一想你自己的投机路程，你就会发现市场中曾经发生的很多意外的事情中，哪一次是我们能够准确预料的呢？再回头想一想，当你发现了一个新的方法和模式时，哪一次不是兴高采烈地认为这就是最终的规律、是交易的全部？然而，如果你是一位勤奋的投机者，你就会清楚地回想起，你经历了多少次类似于发现"自然秘密"的空欢喜、经历了多少次从自满到谦虚的轮回。

我知道，很多投机者在研究投机的初期，都会因为看了几本书，懂了几个道理，便自以为是地认为自己开悟了，得道了，甚至会有了写书的冲动。但实际上，你还是离道很远的。因为如果你能够继续研究下去，用不了多久，你就会发觉，自己似乎还有很多不知道的东西，需要经历多次的从自满到自知的过程，一直到你真的能够发自内心地对自己的做法感到满意。这时候，你才会产生一种实至名归的自信。但矛盾也会从此更加明显，到了这个时候，人们并不认为自己知道得很多了，反而感觉自己知道的东西比以往少了很多，甚至感到自己什么都不知道了。本来感觉自己完全能够把握市场，到最终反而觉得，自己对市场变化的把握根本就无能为力，我们只是在寻求一种必然存在的可能性而已，所以我们在交易的时候会经常出错，想要完全不出错是不可能的。于是，我不得不改变自己本来非常自信的交易和判断的观念，以有错论的态度来对待自己的交易和对市场的判断。正如乔治·索罗斯所言："我的第一个看法是，我们并不真正了解我们所处的这个世界，我把这叫做易错性；第二个看法是，我们对世界的了解并不符合真实情况，我把这叫做反思性，这就是我的两个主要看法。"

不仅仅索罗斯是这样的，现实中有太多的投机大师到最终都否定或怀疑自己的研究成果，这其中包含了基本面分析大师本杰明·格雷厄姆、RSI技术指标的开发者韦特·J.W.韦登，以及其他一些"神奇"理论的创始人等。这些人可以说都是处在各自专业领域金字塔的顶峰，甚至其中有些人还是某一理论的开山鼻祖。而他们的结局又怎么样呢？研究一下他们的历史就会知道，他们中的有些人在晚年推翻了自己前半生的努力和信仰；有些最终被市场彻底打败；再有一些人的理论只能作为一种理论研究而无法进行实战。即便是在科学界，也有著名的科学家霍金在后期对自己前半生的研究，做出自己否定自己的事情。要知道否定自己是多么困难的事情。

也许，交易之路的本身就是一条否定之路，如果你是一位诚实而又勤奋的投机者，总有一天你会发现，之前自己所做的很多事情和认为很有效的方法其实都是大错特错的。正如李小龙所言："一切均需求真，一切皆是空的。所有形式的知识最终意味着自我的认知。"

与此不同的是，我们中的很多人总是自以为什么都知道，他们通常会因为一个错误的起点，而义无反顾地迈向可怕的深渊。

我记得2006年上证指数在3000点的时候，不断地有媒体报道市场已经出现了泡沫，前景堪忧。可是接下来指数却开始持续上涨，一路走到6000点。但与此相反的是，当指数到了6000点时，反而很少有人说跌了，甚至有不少"奇人异士"认为指数会上涨到10000点。结果一年后股市却跌到了1600点。

这说明什么呢？这说明当局者迷。当一件事情被反复验证不会出现时，转折就来了，易错性就开始发挥作用了，你的反思性也会处于最低迷的时期。

所以，投机者在股指期货市场和商品期货市场中切莫因为自己一时的得利而忘乎所以，不管你心中多么的自信，对目前的市场多么的有把握，你都必须谦卑。换言之，不管你有多大的把握，心中有多么的开朗，你都必须要时刻想着你有可能会错，你绝不能想当然地认为自己是战无不胜的，在这个时候认为自己什么都懂会让你摒弃理性思维而倾向于自以为是的固执和自大。大多数人在有了这种感觉之后都会变得野心勃勃，认为自己不会错，并开始加大下注的力度，但最终他们会因为过度的自信而毁了自己。

你要知道，在期货市场中因为资金杠杆的作用，运气好的人的确会在短时间内大发一笔横财，而那些连续盈利的人通常都会变得贪婪而不自知，误认为自己什么都知道。即便是那些久经沙场的老手，也会在这个时候按捺不住自己的热望，他们会信心百倍地抓住一个机会，并在机会被市场否定之后依然如故地拽住不放，他们总感到自己的判断不会出错或者即便是出错了也只是暂时的，早晚市场会像他判断的那样恢复元气。这就是那些老手们遭遇大亏损的一个重要因素。所以，我们经常看到的一个现实就是，很多自以为是的老手会自信地买入一些自认为见底回升的品种，但市场似乎并不买账，行情依然会一跌再跌，让他们的亏损不断扩大。所以在股指期货市场和商品期货市场中，这样自以为是的交易往往会招灾惹祸。

记住，要谨慎地对待自己的交易，谨慎应对市场的变化，在投机市场学习的目的有时候只是让你认识到了自己的无知而已，只不过你需要这个过程才能够彻底地领悟到。认为自己什么都懂，无视风险的存在，只能让你马失前蹄。

所以，在现实交易中，当你"成熟"到对投资风险忽略不计的时候，当你感觉自己对市场了解得异常通透、完全可以忽略风险的时候。请你硬着头皮想一下风险，不要因为自己对市场"太熟悉"了而对风险不屑一顾，这时候通常都是投机老手们失去风险免疫力的时候，他们往往会在自认为自己什么都懂的时候深陷窘境。所以，当你自信到对风险不屑一顾的时候，你的反思性就会处于最低迷的时期，而易错性就会随时产生作用，而此时正是风险步步逼近的时刻！记住，失去风险意识的自信是危险的自信！请对市场保持绝对的敬畏！不要自取败身之祸！

第六节 小心人群，远离群体交易

Section6

　　做投机这一行，所需要的是个体智慧，所以如果你选择了这一行，你也就注定孤独。如果你入行多年，你一定会深刻地体会到你是如何从一开始的不适应孤独，到最后把孤独当成一种习惯的整个过程。

　　大多数人在做事情的时候喜欢听取别人的意见，并且他们会倾向于服从语调急切的人的意见。而不是通过理性的分析来权衡出最好的意见。

　　不仅如此，大多数的人的思想都是有惰性的，他们倾向于按照自己的第一个想法行事，我们常见的现实就是，当一个人的脑子里想出了一个办法的时候，他们通常会认为这就是最终的办法，他们并不会去想还有没有另一个更好的办法。这样的思维惰性，容易让他们在面对另一个完全不同的办法时无法取舍，举棋不定。所以，投机者必须知道，在你自己没有通过详尽的思考，权衡出最佳的方案时，过度地关注别人的意见对你有害无益。如果你身边的人都属于一些泛泛之辈，那么无论你们多么努力地讨论、努力地思考，也不会有什么结果，甚至即便是有某一个人提出一个具有建设性的意见，也会被那些凡夫俗子毁掉。正如有句话所言：集合一百个愚夫，也不能成为一个聪明人，所以英武的决断，决不能从一百个愚夫中得到。超凡的思想是不会与凡夫俗子共存的。

　　慵懒的思想在投机市场中容易导致思维上的贫乏，并致使思维出现疲惫感，想一想你能够瞪着眼睛看多长时间的书。我身边的很多朋友的书都是只看了头二十页，然后就合上不看了，更有甚者可以在只看了两页书的时候不知不觉地拿着书睡着了。所以，这样的投机者不锥刺股、头悬梁是根本不行的。

再想一想，那些嗜书如命的投机者，拿过一本书来就不知疲倦地通宵达旦地看完，并且还要对于一些不太明白的东西进行详尽而细致的思考，直到自己完全搞懂了才能够安心地睡下，这样的投机者想不学会都难。

所以，在投机市场中，我们经常看到的一个比较明显的现实情况是：那些聪明的好学者通常会向一些成功的投机老手寻求经验和方法来提高自己的交易技能，而那些无知且又懒惰的新手，则会致力于迷信别人的预测和通过打听消息等方式企图有所斩获。然而，正如我在《成功投机——投机的哲学思考》一书中提到的那样，太多的人在投机市场中亏损并非是因为自己的判断错误，而是听从了他人的意见，他们愿意并毫不犹豫地听从他人的指挥，匆匆忙忙地将自己的钱投入到市场中，他们买入的理由就是"某个专家说了，这一波行情可以上涨到多少多少点"或"因为某某专家说，国家发布的XXX政策有可能会导致商品价格大跌"，以及因为"某个人买了，他是个懂行的人，他曾几何时赚过一大笔钱"。他们甚至相信在投机市场中获利，必须要靠如有神助的预测和突然而至的灵感，除此之外就是要认识具备了这种能力的人。

所以，投机市场中有一个并不奇怪的现象，那就是傻瓜愿意和傻瓜为伍，他们做什么事情喜欢相互通气，互相商量，但他们的这种行为却正好与投机市场的成功要求相背离，投机市场是个需要个体智慧的地方，投机的本身也不是商量着来的事情，也无法商量着来。正如一位西方学者所言：人群中积聚的是愚蠢，不是天生的智慧，一个人一旦进入群体中，他的个性便淹没了，群体的思想占据统治地位，而群体的行为表现为无异议的情绪化和低智商。

在现实中很多时候"多数赞同"并不一定占理，在投机市场尤其如此。一个渗入到群体中的人，往往会失去自我，丧失思考的能力，无法作出理性的判断和分析。即便他们不想让自己陷入其中，也难以摆脱先前的"消息"和"他人之言"。

更重要的是，在投机市场中，如果你过分地投入群体之中，你的情绪就会受到周围人的影响而产生出一种莫名其妙的亢奋，如果你并不是一个有主见或信心坚定的人，用不了多久你就会完全失去自我控制，陷入群体愚蠢的陷阱。在投机市场中，特别是期货市场中，你可能认为你自己是很理性的，但有时候在别人看来，你的很多行为都像个着了魔的疯子，这句话我说得并不严重，也完全没有贬低你的意思。

在投机市场中，人性的欲望是很可怕的，无止境的贪婪心态和无视风险的翻本念头完全有能力将一个智商很高的理性的人变成疯子和傻子，而群体行为恰恰巩固了这一可能性。你会发现平时里一向头脑清醒、信心坚定的你，到了投机市场中却被群情激昂的市场搞得失去自我，跟着他们一起"狂呼乱舞"起来，你会因为一个看起来充满逻辑且又论据充分的反面看法而六神无主、左右为难。

所以，聪明的投机者知道，要想在投机市场中赢，就必须特立独行，他们从来就不会与众人为伍，他知道自己必须跳出市场之外，与人群保持距离，并尽量远离每日的价格波动，从另一个角度来看待市场，以免让嘈杂的人群和波动的行情搅混自己本来清澈的头脑。他们也从不接受那些自己买了某个股票，就以此为理由要别人也买一点的"建议"。他们必须坚持独立思考、先虑而后动。

我需要说明的是，"三人行必有我师焉"在投机市场里并不一定行得通，在投机市场必须以可师者为友，你才能够得到真正的知识和经验，但即便是有经验的人向你提供了可信的参考，你也必须要知道自己到底需要什么，因为大多数人的思想和经验肤浅而不成熟，甚至都算不上知识或者经验。

总之，你必须要学会如何与大众的意见保持距离，如果你想在投机市场中生存乃至于成功，就不应与那些能够令你才华失色的人为伴。投机是个孤独的行业，抱团取暖、放屁添风在这里是行不通的。但这并不影响你在闲暇之余到处去找找乐子，你可以有朋友，也可以谈交易，但你必须按照自己的思路行事，不要受到别人的影响。

第七节　市场中注定有一部分人会因为概率的因素成为"神"，但未必是你

Section7

　　现实中的机会总会因为概率分配的随机性和不确定性，出现一些让人无奈的事情，比方在坐公交车时，有的人很幸运，一上车就能落座；有的人很倒霉，即使全车其他的人都坐下，他还站着；有时别处的座位不断空出来，唯独身边的这个毫无动静，而当你下定决心走向别处，刚才那个座位的人却正好离开。想一想投机市场中的现象是不是与此如出一辙呢？有些人什么都不会，但一入市场就碰上了一波轰轰烈烈的大行情，而你则为了等待一个机会，傻傻地持有几个月。再比如，别人买入的燃油合约早就大幅上涨了，但你买入的橡胶合约就是一动不动。我目前的情况也是这样，别人买入的其他绩差股都上涨了两三倍，但我认为不错的一个股票，从买入到现在将近一年的时间还处于浮亏的阶段。

　　然而，我并不气馁，因为我知道，时间会证明一切，也会证明他们中的大多数到最后一定还会一无所获，这样的事情每次行情过后都会发生。但市场也会因为概率分割的原因，而创造出一小波"神"出来，让那些人的业绩骄人、光彩夺目，成为一时的明星，并以成功者自居。但用不了多久，他们中的大多数又会销声匿迹，到最终只得了个一时的虚名而已。这并没有什么奇怪的，在下面我们就利用概率的分割原理来为你解释

这其中的必然性。

　　在《金牌交易员的三十六堂课》一书中，我曾讲过一个"茁壮的麦子"和"长寿的麦子"的故事。其大概的意思就是说自然界的不统一性，导致了必然的茁壮和长寿。换言之，那些长寿的人只不过是物竞天择的一种自然现象，一种必然存在的结果而已，人的顽强和努力只能强化这种结果，但不能改变这种结果。

　　我们现在就来解释一下概率分割原理。

　　概率分割原理就是采用对错分割的自然概率来达成一个极小的必然性，而那些期货市场中的骗子们也正是利用了这一原理，变成了你心目中的神，而让你最终上了他们的当。

　　概率分割的具体方法是这样的，骗子们先要找到1000个人的通信地址，然后给这些人发去他们的预测报告，这其中有500人收到的是卖空的预测报告和市场分析，而另外500人则接到的是完全相反的看多的预测报告和市场分析。当一波中期行情过去之后，会有500个人得到的预测报告是准确的。在接下来的时间里，他们就会给那500个得到正确资料的人再一次寄去预测报告，而这一次的预测报告则是250人接到的是看多的市场预测报告和市场分析，另外那250人接到的是看空市场的预测报告和市场分析，另一波中期行情过去之后，又会有一半的人得到的是正确的预测报告和行情分析。再继续下去，将这250人再分成两部分，其中125人将会收到看多的市场预测报告和市场分析，另外的125人依然会收到看空市场后市的预测报告和市场分析，再一波中期行情过去之后，就会有125人连续三次得到正确的市场预测报告和市场分析。接下来，再将这125人分成两部分，其中一半的人收到的是看多市场后市的预测报告和市场分析，另外那一半的人则收到的是看空后市的市场预测报告和市场分析，这样一波行情过后就会有62人得到连续4次正确的市场分析报告。想一想：如果你是一位正在四处寻找救星的投机者会不会感到惊讶呢？用不了多久你就会心甘情愿地上当了。当然你大可不必为他们担心这样继续分割下去会不会断了财源，他们手中有着大量的交易者的信息名单。只要能够不断地收集到名单，他们就不会失业，因为总会有傻瓜上当。

那么他们又会怎样获利呢？

还是利用概率分割法，当你把自己的资金账户交给他们之后，他们会跟你说明交易的回报，那就是一笔交易完成之后，他们会收取全部盈利的10%、20%、30%不等（这要根据骗子的心地狠毒还是稍微善良来确定）。亏损了，他们不收取任何费用，这看起来很合算是吧？别急，下面你就会看到他们的真正把戏。他们的方法还是一样，采用概率分割法来达到必然盈利的目的。比方这一次有1000个人上当，要委托他们代理交易，他们的办法就是用500个账户买入多头合约，用另外的500个账户买入空头合约，一波行情过后，其中会有500个账户是盈利的，另外500个账户是亏损的，他会收取那500个账户盈利的10%～30%，如果平均每个账户有10万元，以盈利50%计算，就是5万×500＝2500万，他们的盈利就是250万～750万。看看吧，他们不用能力，不用承担任何风险，也不用分析行情的走势，只要多找一些傻瓜，然后利用概率分割原理就能够赚到很多人梦寐以求的大笔的钱。并且到最后他们的客户中会有极少数的人赚到大笔的财富。我们以1000人为例来计算一下。

第一次是500人正确

第二次是250人正确

第三次是125人正确

第四次是62人正确

第五次是31人正确

第六次是15人正确

第七次是7人正确

第八次是3人正确

第九次是1人正确

接下来，我们再来计算一下正确的一部分人中，他们每正确一次按照50%的盈利幅度计算，资金各会变成多少。

第一次正确时会有500人的资金变成了15万

第二次正确时会有250人的资金变成了22.5万

第三次正确时会有125人的资金变成了33.75万

第四次正确时会有62人的资金变成了50.63万

第五次正确时会有31人的资金变成了75.94万

第六次正确时会有15人的资金变成了113.91万

第七次正确时会有7人的资金变成了170.87万

第八次正确时会有3人的资金变成了256.30万

第九次正确时会有1人的资金变成了384.45万

通过上面的计算，我们会看到，第九次正确的那个人用了10万元的本金，按照每波中期行情过去之后获利50%计算，到最后他的资金会达到384.45万元。你看，一个骗子采用概率分割原理，不费吹灰之力就创造了好几个百万富翁，并且自己也赚了成百上千万的佣金。

通过上面骗子的案例，你是不是应该知道为什么有一些根本就不懂什么交易的人到最终却赚了大笔的钱呢？其实很明显，他们也是沾了自然界的概率分割原理的光。当第一波行情过去之后，就会有一部分人赚了钱；当第二波行情过去之后，这一小部分人中又会有另一部分人再一次赚到了钱；当第三波行情过去之后，这一下部分人中又会有人连续三次赚到了钱，继续往下，就会有人不断地连续赚钱，最终他们赚了一大笔钱，甚至成为亿万富豪。

这看起来似乎是自然界和我们开了一个不大不小的玩笑，多少有点运气的因素，市场中的很多"投机之神"都是这样造就的。这多少有点让人难以接受，然而事实就是如此，是必然的，无法改变的。所以，如果一个投机者并没有掌握良好的操盘技能，但却在幻想着一朝暴富，很显然你的希望会破灭。

如题所言：市场中注定了会有一部分人因为概率的因素成

为"神"，但未必是你。所以你必须放弃所有的幻想，致力于自己的努力，而不是祈求神灵的保佑让你一朝暴富。世界就是这样琢磨不定，得到的有可能再次失去，失去的也有可能再次得到，重要的是，你要提前做好应对这些问题的准备，并积极地认知这些问题，在问题发生之前未雨绸缪。如果你只是一味地追求利益，而弃风险于不顾，等当风险袭来之时，你已经无还手之力，也不知道应该怎么办了。

记住，那些能够把风险挂在心上的人，通常都会在风险袭来之时轻松地找到摆脱风险的办法，从而保住自己先前的劳动成果。而那些忽视风险的投机者，通常都会因为没有风险意识，而在风险袭来之时不知所措，并因避险不及而遭受了太大的亏损，最终只能坐以待毙。所以，要想让你的交易成果摆脱零和游戏，学会及时逃避风险就是你必须掌握的一项重要技能。

第八节　高度自律，并接受挫败，　要善于总结，不要总是做事后诸葛

Section8

先给你打一个预防针，告诉你另一个残酷的现实，如果你初入股指期货市场和商品期货市场，你无可避免地会遭受一些过大的损失，承担一些过头的压力，你甚至会面临爆仓的可能，这一点你毋庸置疑，这与你是什么学历没有关系，不要认为你喝的墨水多一些，就可以幸免于难，大多数人都逃不过这个生死劫。所以你必须一开始就对这个问题有一个全面而深刻的认识，并对有可能因为爆仓而导致的血本无归和倾家荡产做好充分的准备。不要因为自己的智商太高而自负，你真的会认为通过看别人的几本书，就能将别人一辈子的功力悉数收入囊

中，一下子就学会了吗？如果你想在一开始接触股指期货和商品期货就能够像个老手一样全身而退或做个常胜将军，那你就是太高估自己的能力了。

我告诉你现实的真相，在这里面混的人很少有能赚到钱的，不要认为你在股票市场玩得挺好，就误认为你与众不同。你可能会比那些"生瓜蛋"强一些，但在这里面，你依然需要从头学起。因为在股票市场中，你可能连资金管理的概念都没有，甚至都不知道还有资金管理这一说。但到了这里面，资金管理可是决定生死的关键因素，在股票市场，你可以藐视资金管理，但到了期货市场，如果你不会正确分配资金的数量，采用过大的仓位或杠杆来和市场玩"点击率"的游戏，那用不了多久，你就会知道什么样的人才是"最衰"的了。

因为期货市场的特殊性，大多数投机者的最终宿命就是被市场剥光衣服扔了出去，在期货市场中能够稳定获利的比例，据我的观察可能不到5%，这个比例也有可能说大了。甚至我对自己都不敢妄下定义说自己就是一位成熟的期货投机者。

所以，如果你毫无顾忌，兴冲冲地扎进来，肆无忌惮地重仓交易，那遭受损失就不可避免，你可能偶尔会大赚一笔，但你不会持久。我见过好几个在很短的时间了赚了大钱的投机者，在接下来的一段时间里又连本带利地吐了出去。即便是我也经历了多次生死抉择的重要时刻，我甚至差一点就因为生活窘迫而离开投机市场，直到现在我还依然处于恢复阶段。

所以，在你还没有遭受损失之前，我有必要尽可能多地将那些你有可能遭受的打击和遇到的困难讲述出来，让你有点心理准备，以免你在实际当中遇到这样的问题而导致精神崩溃。

你必须知道，那些令人痛苦的负面事件一旦发生过，就注定要伴随我们一生，我们很多人能做的，就是将它们压抑到潜意识中去，并采用一些违心的谎言或某些错误的心理暗示来减轻这件事情对自己心灵的冲击，这就是所谓的淡忘。但是，现实中这些痛苦的经历在潜意识中仍然会一如既往地发挥作用。更糟糕的是，如果一个投机者的心理防御机制对事实扭曲得太厉害，它会带出更多的心理问题，譬如交易强迫症、交易焦虑症、亏损恐惧症，甚至精神分裂症等。而实际上真正有效的方法只有一个——直面这种打击，并从中找出导致这种后果的原因和解决这一问题的方法。

直面打击的人会从痛苦的体验中得到许多意想不到的收获，如果你善于总结，且又能够反省，它们最终会变成当事人的生命财富。切记：一个投机者在投机市场中所遭受的打击和盈利一样，都是人生的财富。打击的作用就是灭掉弱者，成就强者！一个最重要的心理规律是，无论多么痛苦的打击，你都是逃不掉的。你只能去勇敢地面对它，了解它，战胜它，最后和它达成和解乃至于完全忽略它。所以战胜困难有两条路可以走，一条是视而不见将其忽略，一条是直接面对将其击碎！如果你自己暂时缺乏斗志，你可以寻求帮助，从别人那里得到启发和斗志，但千万不要太指望让别人来替你交易，然后让你扭转危境。切记：别人的知识不能自动地拯救你，别人也不可能无缘无故地把你变成富翁。你需要的是精神上的启发和心理上的坚定，如果他能够用一些连珠的妙语和全新的信条打动你，让你受到一些启发，重新唤起了你的斗志。那么，你就算有了一个新的开始。更重要的是，你要把你以为好的知识和你先前所有的遭遇进行一番总结，将那些好的知识和惨痛的教训，真正运用到你自己以后的交易生涯中。

当然，以上所述光是知道是不够的，必须加以运用和体会；光是希望是不够的，非去做不可。但你必须自己开始。假如你自己不以积极的心态去深入研究投机的存亡之道，假如你不以自己的方式去为自己的投机生涯揭示生存的意义和交易的本质，而是在遭受打击之后恐惧退却，以扭曲的本性应对市场，甚至企图投机取巧地依赖别人的能力达到自己不劳而获的目的，那么对你来说，你的生存就会失去意义的。

记住本章最后的一句话：在枯萎的鲜花上，蜜蜂只能吮吸到毒汁。如果你总是对先前的打击无法释怀，最终你将会因为吮吸过多的毒汁而死亡。以往的打击都是过去的事情，是一些枯萎的花朵，你必须放弃它们去寻找新的花朵，重新开始。任何一个期货交易者都不可能轻易成功，各种打击在所难免，你有可能几年都无法前进一步。所以你必须要高度自律，心情坦然地接受挫败，在一开始的交易中，挫败无法避免，你必须对此心中有数。但更重要的是，你要学会并善于总结经验教训，做到触类旁通，以提高你在以后应对类似问题的能力，而不是致力于做事后诸葛。

第二章
Chapter2

确定你的交易风格——
了解自身能力，找准盈利模式

第一节　　根据你的资金量确定你的交易目标

Section1

　　生活中讲究门当户对，投机也是。一个大家闺秀通常不会嫁给一个朝不保夕的穷小子，这虽然听起来让你感到不悦，但却是现实。那些动人的爱情故事都只不过是一些神话传说而已，现实当中真正遇到的又有几人？

　　一个处境窘迫的人却总想着用一点小钱以小博大，最终你必定会真真切切地体会到市场是怎样冷酷无情地以强凌弱。投机者必须知道，在期货市场中，资金越少，成功的可能性就越小。因为太少的资金根本就经不起一个稍大一点的波动，缺乏资金的交易者，通常都会至深地体会到那种心有余而钱不足的感觉。无论机会有多好，无论你认为目前的机会多么的时不再来，但资金不足就寸步难行，想要勉强采用太少的资金博一下，一个波动就会把你打出来。所以，要想在期货市场中生存，充足的资金就是胜利的最大保障之一。正所谓：办法再多，也不如兵精粮足。

　　如果你的资金只有50万元，那你去加入股指期货的交易，就会显得力不从心；虽然政府规定入市门槛为50万元，保证金比例为15%，但如果你是一名久经沙场的老手，你一定会清楚地知道，这的确是政府在为你着想。因为对于一名成熟的期货交易者而言，即便是采用30%的保证金率也会觉得有点高了。而那些刚入市的新手则会完全相反，他们会认为保证金的比例应该更小点，如果能够低至5%那会更好，只有这样才会最大限度地提升以小博大的效果，他们只需要用5万元钱就可以操作100万元的期指合约。然而现实当中，过高的资金杠杆比例，往往会给投机者带来非常大的风险，因为这意味着，如果你采用5%的杠杆满仓操作，行情只需要向相反大的方向波动5%的幅度，你就会彻底爆仓，一分钱都没有了（有关爆仓的问题，我们会在后面的章节中专门讲述）。

要知道，初入期货市场的你，根本就无法执行交易的各种规则，所以如果你想承受一个较大的波动，你就必须要尽可能少地利用自己的保证金。我根本就不相信你在很短的时间里亏损了50%的资金时，还能够理性地、心若止水地止损（有关止损的问题，我们会在后面的章节中详细讲述）。

所以，资金太小时，就会完全失去灵活性。可能你会说，你可以通过高杠杆来做日内短线交易，并且你非常善于做短线。但以我的经验来看，大多数做短线的人到最后都会因为一次错误的交易而导致自己彻底放弃规则。我见过太多有经验的商品期货投机者在日内短线仓位出现亏损时，因为无法接受亏损的现实，而把日内短线交易变成了隔日交易，然后随着仓位亏损的不断扩大，他们不断地改变交易计划，又将隔日交易变成了趋势交易，将趋势交易变成了长期交易，他们就这样被亏损逼迫着不停地改变计划，最终只能无奈地接受了爆仓的命运。

所以，如果你的资金太少，但又过度地使用了资金杠杆，那么你就根本无法理性地分析行情的来龙去脉。可能你经历了一段时间的虚拟交易，认为自己能行，你会说一旦亏损我就会快速出局。但实际上，你很难坚定地顶住亏损的压力退出交易。你会在亏损的时候产生幻想，担心在你退出之后行情翻转，错过转败为胜的机会。并且亏损得越严重，你的这种想法就越强烈。总之，到了现实交易中，你必定会受到人性的影响，在赢了的时候还想赢，在输了的时候想翻本，你会发现，当你出现大的亏损之后，你所有的智慧都会被不切实际的希望驱散。

那么到底采用多少资金来操作股指期货呢，或者说，采用多大的杠杆来交易呢？在这里我们先简单说一下，然后在下面的资金管理的章节中还会详细讲解。

进行长期交易的期货投机者，应该尽量少地使用资金杠杆，甚至不使用资金杠杆。而对于短线交易者而言，保证资金的使用量尽量不要超过30%，即如果你用100万元的保证金进行期货交易，那么你可使用的保证金就应该是33万以下。可能你会看到一部分抢帽子的短线投机者也可以在某一段时间里采用较大的杠杆比例获得了大笔的收益，但这却是一项难度极高的交易项目，并不适合大多数投机者。你最好先做一些相对容易的交易，等你能够稳定获利了之后，再考虑是否适合其他风格的交易吧。

所以，经验充足的投机者，并不热衷于使用过多的资金杠杆，那些只对期货交易所收取手续费有利，他们希望你用更多的杠杆一天做上一千个来回。而那些成功的长期期货投机者，基本上都是足价买入商品期货的，他们很少使用贷款。即便是伟大的投机商杰西·利弗莫尔和现代价值派的"股神"沃伦·巴菲特，以及金融大鳄乔治·索罗斯也曾提醒过一些投机者要谨慎地使用贷款，并申明他们并不热衷于使用杠杆和贷款进行交易。

正如杰姆·罗杰斯在《热门商品投资》一书中所言："谨记，你能足价买入石油、棉花和任何商品，就像足价买入IBM的股票一样当场兑现。"

所以，你必须要根据自己的资金量来确定自己应该交易的标的，不加分析地买入自己"交易不起"的品种，只能增加你亏损的概率。

记住，忽略风险，只知道愚笨地冒进，必将耗尽本金铸成大错，你必须防止自己过度自信和过分狂热。充满活力的交易并不能够成就任何成绩，过度参入也只能导致事情更加复杂。一味地耗费你的资金，必定让你资金枯竭，一旦困难出现时，你已经无法决定应该怎样使用手中仅有的资金了。所以，有限的资金必须要由正确的观念支配，急速轻率的态度和不踏实的"捷径"只能延缓成功的过程，急躁而不稳定的跳跃会招致事故，推迟成功的进度。所以投机者在面对投机交易中的每一步，都必须小心谨慎。缺乏风险意识，只知道盲目贪婪地向前冒进，必将导致惨败，自寻死路。

第二节　根据你的性格、
　　　　习惯，确定你的交易风格

Section2

　　农民用猫来抓老鼠，用狗来看家守院，是因为猫天生就以鼠雀为食，而狗则天生就具备见了陌生人入侵就会狂吠的自然习性。同理，渔夫用鸬鹚捕鱼，斗鸡人用公鸡来斗鸡，是因为鸬鹚天生善于潜水捕鱼，而雄壮的公鸡则天生好斗。以上这些都是人们利用动物的天生习性来让它们"各尽其责"的。这与皇帝安置人才是一个道理，任命那些天生骁勇善战的人来当将军，用那些天生思虑深远的人来做宰相。这样，他们就会因为自身的天然习性而顺理成章地将自己职责以内的事情做好了。所以有时候人才不一定是有很多知识，关键看他是不是具备天生的禀赋或天生就是做这一行的材料。任用一个缺乏主见且又不善决断的人来做执法断案的法官，必然会被那些巧舌如簧的坏律师蛊惑，而制造出冤假错案；任用一个天生就对数字不精的人来做财务审计，必然会因为他对数字反应迟钝而被假账欺瞒。所以，有时候你是不是能够胜任一项工作，或在一个领域中成功是需要看你是否具备天生的品质和自然的习性。所以，我们所见的很多优秀的人才往往都是某一领域中的天才。所以，我始终认为人才就是那些天生有着某种禀赋的人。换言之，要真正地胜任某项工作，就必须具有创造力，然而，只有天才才具有创造力。

　　所以，一个投机者能不能成为期货市场的"天行者"和"常胜将军"的确需要一些天生的禀赋和品质。因为我们通常会看到那些优秀的投机者能够轻松自如地运用好投机交易中的各项技能规则，并且还能够在关键的时候，在规则出现例外的时候灵活自如地脱离那些偶然事件的干扰。这是因为，他们的那种天然的习性和品质，在无意识中是与交易的规则相吻合的，所以他们根本就无需努力思考即可很好地执行各种交易的规则。

但那些不具备这种天然的习性和品质的人则不如此，他们虽然也在执行规则，但却在接受更大的挑战，因为他们的执行是在跟自己的人性对抗，而这种对抗则大大地加剧了执行规则的难度，但是无论什么事情过度了就会变成坏事，太过固执地与自己的人性对抗，将会导致投机者心理扭曲，过度地与自己的意志对抗，并不利于规则的执行。所以对于一个想要在期货市场中生存的投机者而言，最好的方法就是先要找到自己的大生的习性所致，先要从习性上解脱，然后才能从思想和行为上解脱。

比方你是一个极具耐心且分析力强的人，那么做长期交易将有助于你的成功；如果你思路明晰，且又行动果敢，那么趋势交易比较适合你；如果你对行情的走势敏感、洞察力强且又精力充沛、反应敏捷，那么做日内短线交易则比较适合你。因为要作出一个长线交易的决定，需要你分析很多问题，之后才能够得出一个交易的结论，并且，这一结论还需要随时根据市场的变化进行修正，然而即便是你得出了交易的结论，你也需要耐心地等待很多天才能够付诸实施，因为结论出来了并不代表机会也出现了。所以，成熟的长期投机者都有这样的体会，那就是结束一笔交易之后，并不能急于进行另一笔交易，他们会等到下一次机会即将到来之时才会重新确定投入的时机。而趋势交易者则与此稍有不同，趋势交易者必须要等到趋势完全改变之后才会参入交易，并且在趋势改变之时必须调整思路，排除原先的思维惯性对自己的交易思路上的影响，所以他们必须思路明晰，行动果敢，及时抛却原先趋势的阴影，避免趋势稍有变动就怀疑原先的趋势是不是还没有结束，影响自己的交易决定。短线交易则要求投机者必须不断地审视行情的走势，及时地做出正确的判断，所以短线交易依赖的不是思考，而是一种直觉，你必须要有敏锐的洞察力、充沛的精力和敏感的神经。再加上日内行情的波动较快，懒懒散散的拖沓行为很容易错过最佳的交易时机，所以敏捷的身手和敏感的反应对于日内短线投机者而言，则是必不可少。相反，如果让一个缺乏资料但分析力强的人来做短线交易，那他必然会因为得不到资料的帮助，而无法详尽地进行分析来做出买卖的决定；同理，让一个精力充沛、反应敏捷的短线交易者来做趋势交易，那么充沛的精力和敏感的反应必定会导致他们过度反应，造成错误的交易。

所以，投机者必须要先确定自己的天生品质，界定下自己的自然习性，然后根据自己的自然习性来确定交易的风格和类型。当你确定下自己的交易风格和交易类型之后，再根据自己的交易风格和交易类型补充相适应的知识，学习相适应的技巧，你就会觉得很容易了。因为你的自然习性与交易的规则相吻合，在处理一些问题的时候，也就会比较容易得心应手，你和规则之间相互适应，就非常容易沟通，也更加融洽，对规则中的一些知识和交易中的一些较深的概念、策略也比较容易理解，让你拥有一种天才般的感觉。

记住，忽略自己天生的品质和自然的习性盲从别人的方法，只能令你才华失色。因为这就相当于让猫学习看家护院，让狗学习捕捉老鼠，只能抹杀你天生具备的禀赋，但却不能有任何实质性的进展。

第三节　根据你的交易
风格确定你的交易品种

Section3

　　盲目地追随、学习别人的习惯和随心所欲地追随别人参入到自己并不了解的市场中，只能暴露你的无知。

　　当你确定下自己的交易风格之后，并不代表马上就可以交易了，你需要多花一些时间去了解各种不同期货合约的价格波动规律。因为有些期货品种平时波动的连续性较好，容易形成趋势，一旦牛熊趋势启动，就会大幅涨跌，比如石油、橡胶、白糖、棉花等期货品种；而那些价格相对便宜的粮食类期货，比方强麦、硬麦等商品，则因为当日价格波动较大，中长期的趋势走势幅度较小，所以较适合一些喜欢日内交易的短线投机者进行短线交易；而那些金属类期货中的沪铜等期货合约，则因为股价的当日波动较小，但隔日波动较大，且又具备了一定的趋势连续性，长期走势波动较大，所以这种商品期货只适宜做日内短线交易和长期的趋势交易，而并不太适合短期隔日交易；而相对于目前推出的股指期货而言，从沪深300指数的走势形态和波动特征来讲，则比较适合日内交易者进行短线交易和长期交易者进行趋势交易。

　　所以，投机者在确定了自己的交易风格之后，必须要下一些工夫去了解最适合你的交易风格的合约品种，以便能够找到符合你自身风格的交易品种。只有这样，你自身的自然习性才会与相适应的交易风格和商品品种相互吻合，得到习性、风格与品种之间的和谐，让你有一种"人期合一"的最佳感觉。

　　更重要的是，当你确定下自己的交易品种之后，不要时不时地总想着变换手中的合约品种，很多期货投机者都会因为自己的交易品种在某一段时间里缺少波动，而频繁地变换合约品种，还有一些投机者会为了多把握一些交易机会而持有多种期货合约。他们梦想着通过这种东边不亮西边亮的方法，让自己尽可能多地抓住一些机会，或摊平自己的风险，殊不知这种方法不但无助于降低他们的风险，还会导致他们精力分散、身心疲惫，无法将所有的精力集中起来，聚精会神地考虑一个问题。

所以，那些有经验的投机者知道要想具有比常人更强的洞察力，比常人具备更高的交易胜算，那就尽量将所有的精力都集中于极少数的几个自己熟悉的品种中，将有限的精力分散到多个自己并不熟悉的品种和市场中只能导致自己慌乱不堪，疲于应付。一个人的精力再充沛、知识再丰富，也毕竟是有限的。

我记得曾经有一位名叫尼奥的交易鸡蛋期货的投机者，他一生做的最好的就是鸡蛋期货，别人问他："你是做什么交易的？你都交易哪些商品？"他毫不犹豫地回答："鸡蛋！"

然而，有一次他的合伙人看好了白糖市场，并不断地怂恿他道："尼奥，最近的白糖价格走势不错，我们应该增加一些白糖的头寸。"

尼奥坚定地说道："约翰，我知道白糖最近的走势很好，可是我们这么多年来了解最多的就是鸡蛋，我们所有的财富都是在交易鸡蛋合约上赚来的，我们现在放弃我们最熟悉的鸡蛋合约去交易那些我们并不熟悉的白糖，做一些没有把握的事情，会遭受损失的。"

但是，约翰依然坚持道："我们交易了这么多年的鸡蛋，难道你不腻歪吗？市场中有那么多期货合约，有大豆、有石油、有猪腩、有皮革，我们为什么非要选中那个可恶的鸡蛋呢？那些可恶的鸡蛋，我现在想起来就有点想吐。"

尼奥只得继续解释道："可是我们现在只懂得如何交易鸡蛋，并且我们也了解鸡蛋市场，我也不喜欢吃鸡蛋，可是交易鸡蛋却给我们带来了财富。总之，我会继续交易鸡蛋，因为我只懂鸡蛋。"

约翰见拗不过尼奥，便只好和尼奥分道扬镳交易白糖去了。

但没过多久，约翰便因为在高位放空白糖，赔光了一切，白糖的价格在他放空之后不久，又上涨了三倍，约翰做空白糖的交易彻底失败。

江恩理论的创始人威廉·D.江恩在其《华尔街的45年》中说道："将自己的精力集中到一个市场中，当你在交易商品期货的时候，就不要去过多地关注股票市场，当你在交易股票时，就不要过多地关注期货市场。"

记住了，多下一些精力研究少数的几个品种，这是让你快速进步的一条捷径，每一种商品都有自己的习性，打算用有限的精力和有限的时间研究通所有的品种是一件吃力不讨好的事情，更重要的是，当你完全搞通了某一商品品种时，其他的品种也能触类旁通，但我必须要中明的是：对于资金较小的散户投机者而言，通透了解一两个市场（品种），把握好多空变换的市场契机，足以让你一辈子受用不尽。

第四节　不要做流动性很低的远期合约，并有区分地权衡多头和空头的交易策略

Section4

对期货市场缺乏经验的投机者，有时候会对一些波动较大的远期合约"感兴趣"，然而，如果你并不是一位名副其实的长线投机者，这样的合约还是少碰为妙。因为这样的合约基本上都是一些机构大户基于一些特殊目的而进行的交易，所以这些长期合约通常在交割日之前的很长一段时间里都会处于交易稀疏的低流通性状态中，因为其交投稀少、成交稀疏，经常会

出现买价和卖价相差很大的情况，甚至有些品种在某些时间里连续几天都没有交易量，如果你是一位短线交易者，在这个时候以过重的仓位建立头寸，或一旦遇到一些不可预料的市场突发事件，比如你是一位做多玉米的多头投机者，在你建仓不久，各大媒体就发布了某一禽畜疾病流行的消息，此时玉米的价格一旦随着消息的发布大幅下跌，那你的仓位必定会至死无救。并且，即使你有了盈利也很难出局，因为很有可能在你想要卖出的时候，找不到相对应的买家，你根本就平不掉自己的仓位，只能乖乖束手就擒。因为期货市场对各种消息反应比较敏感，并且市场往往都会把这种消息的影响力无穷扩大化，并进一步强化这种想象力，这直接导致了远期合约的不确定性也随之增多，价格的波动区间也会随着市场的各种因素的反应加剧。这意味着，交易远期合约的投机者必须承担额外的远期不确定风险。我们先来看一下图2—4—1至图2—4—4中所示。

其中图2—4—1和图2—4—2是沪铜（1010）2010年10月远期合约的分时线走势图和K线价格走势图；图2—4—3和图2—4—4是螺纹（1102）2011年10月远期合约的分时线走势图和K线价格走势图。

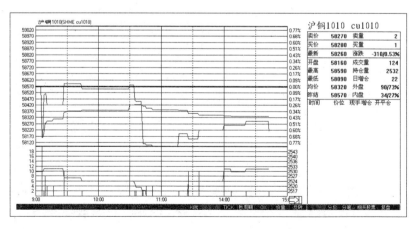

图2—4—1

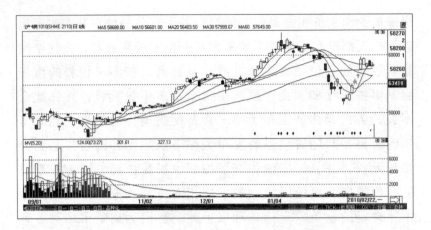

图2—4—2

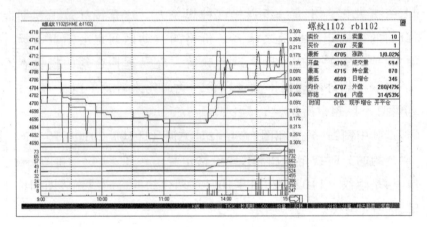

图2—4—3

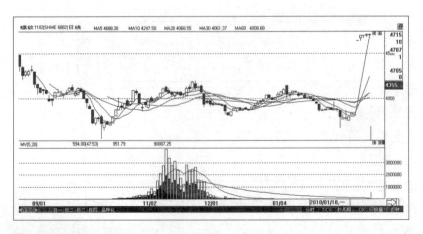

图2—4—4

在上面的四张图示中，我们可以看到，合约价格的走势波动较大，且成交稀疏，如果你是一名日内短线投机者，即使你有所斩获，也很难及时平仓，将利润收入囊中。甚至当你出现错误时，连止损的机会也没有。

除此之外，在做股指期货和商品期货交易的时候，投机者还要明白的一点是，如果你是一位从事长期交易的投机者，应该注意多空有别的市场原理，因为做空头交易的获利空间与做多头交易的获利空间是不一样的，甚至可以说有着天壤之别。股指如果从3000点上涨到9000点你就有赚200%的盈利空间，但指数如果下跌，则最大的做空空间也不会超过100%，因为指数向上涨的空间是无限的，但往下跌的空间最大是0，并且股指从来也不会跌到0。比方，如果你用100万元资金来交易一份股指期货，如果股指从1000点上涨到3000点，你的盈利空间就是200%，即你盈利了200万元；但如果你是做空股指，股指从3000点下跌到1000点，你只盈利60%左右，但你的止损成本和风险成本与做多头交易时是一样的。

换言之，做多头交易要比做空头交易更加有利，或者说，做空头交易要比做多头交易担负更大的风险成本。所以，成熟的投机者在做空头交易的时候，其持仓量通常会比做多头交易时相应地减少，并有着钢铁一样的止损纪律。特别是在股票市场中，一支股票一年中上涨2倍、3倍也不是什么稀罕事，如果你看空市场，当行情上涨时你没有及时止损，任由损失不断扩大，那用不了多久，你就会空无一文了。但即便是你做空头做对了，你从20元钱开始做空一支股票，但当这支股票下跌到10元钱的时候，你只赚了50%左右的利润；相反，如果你是看多这支股票，那么你的利润就会多倍翻升。

所以，投机者在交易股指期货和其他的商品期货时，应注意多空交易的不同点，正确估算盈亏的比例，以及持仓的策略和数目。

第三章
Chapter3

确定市场涨跌趋势——
顺应趋势变化，追求最高胜算

第一节　怎样才能快速入门？
　　　傻瓜，当然是先从认识趋势开始

Section1

很多成熟的投机者都在不断地告诫新手，一定要追随趋势！一定要顺势而为！然而，现实中我却发现，除了那些有经验的投机者之外，很多新手连什么是趋势都不知道，这又何谈顺势而为呢？

初入投机市场的时候，很多投机者都会非常迷茫，看着那些曲折蜿蜒的价格走势图，满脑子都是迷惑。我在一开始的时候当然也不例外，对股价的走势一窍不通，直到我对一些指标有了一定的了解之后，才逐步地有了一点开悟，但这种开悟是非常小的，只能说是有点懂了而已。

很长一段时间，我都处于一种并不现实的思维之中，我始终认为在市场中一定能够找到一种完美的预测方法，那些真正赚到大钱的人必然是掌握了一种克敌制胜的预测方法，有着非常高的准确率，所以才能够赚到大钱。当然，这种思想让我的前进之路波折重重。

我真正开悟是偶然一次看书时，书中有一句话提醒了我，当时的那句话是这样说的："200SMA，一个长期的MA，这是所有MA中最可靠的MA之一。我们在日线图上和15分钟图上经常使用它，在这两种图上，它的精确性是无可匹敌的。"于是，我便在日线行情和15分钟的行情走势图上逐步验证这一方法。到最后我虽然并没有得到一个无可匹敌的精确指标，但它让我认识到了长期趋势的重要性，让我知道了什么是趋势。我的脑子一下子敞亮起来，彻底改头换面了，我的思维也有了一个质的转变，摒弃了先前的那种企图利用某一特殊指标抓住所有波动的疯狂做法。

从那个时候起，我明白了这样一个道理，投机者要想快

速入门，必须要先认识趋势，并学会确认中长期的趋势，这些都是技术分析派投机者快速入行的捷径，如果你连什么是趋势都分不清，即便是你研究多年的MACD和KDJ指标以及RSI指标，你也会始终不得要领。学习确认趋势是一项非常简单且又非常具有实质意义的工作，只有在你学会如何确认趋势之后，你在研究和运用其他指标的时候才会显得得心应手，你才会有一种质的飞跃，那些形式百态的指标才再也不会像一座座难以开启的迷宫。

我们还是用两张图示来说明一下，这样就会非常直观了。如图3—1—1和图3—1—2中所示。

其中图3—1—1是以60MA平均线为代表的中期趋势均线，展现的是中期行情的趋势走向；而图3—1—2是以250MA平均线为代表的长期趋势均线，展现的是长期行情的趋势走向。

从图3—1—1中我们可以看到，当行情的价格走势上穿代表中期趋势走势的60MA平均线时，后期的行情走势便出现了一波幅度较大的中期上涨走势，形成中期上涨趋势；而当行情走势下穿60MA平均线时，后期的行情走势便出现了一波幅度较大的

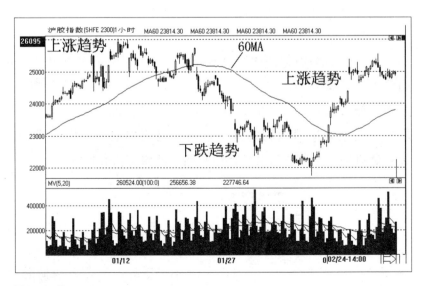

图3—1—1

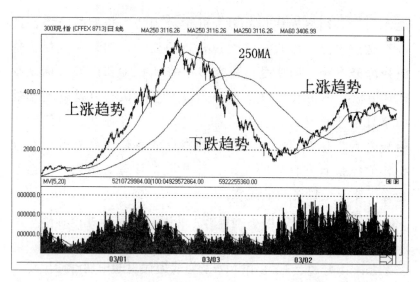

图3—1—2

中期下跌走势，形成了中期下跌趋势。

从上面的图3—1—2中，我们又可以看到，当行情的价格走势上穿代表长期趋势走向的250MA平均线时，后期的指数走势便出现了一波幅度较大的长期上涨行情，形成长期上涨趋势，也叫做长期牛市；而当行情走势下穿250MA平均线时，后期的行情走势便出现了一波幅度较大的长期下跌走势，形成了长期下跌趋势，也叫做长期熊市。

然而，顺势而为的诀窍就在于：当行情走势处于牛市上涨趋势中时，就要关注多头交易信号，不要轻易做空；当行情走势处于熊市下跌趋势中时，就要关注空头交易信号，不要轻易做多；这就是顺势而为的基本法则！这正如威廉·D.江恩所言：遇到牛市就做多头交易，遇到熊市就做空头交易。

第二节　主要趋势顺应法则

Section2

　　主要趋势也就是我们常言的牛、熊趋势，其主要作用就是区分市场大势，确定市场长期走向。

　　很难想象一个连市场长期趋势的走向都搞不明白的投机者如何能够顺势而为，仅靠研究那些提示短期波动的指标根本就不足以真正地让你认知趋势。

　　主要趋势除了我们上一节中所讲述的日线图中的200MA平均线、250MA平均线之外，还有周线图中的50（60）MA平均线、120MA平均线和200MA平均线，当然也可以是月线图中的50（60）MA平均线。

　　主要趋势的确认方式就是，当日线图中的股价走势上穿200MA平均线或250MA平均线、周线图中的股价走势上穿50（60）MA平均线、120MA平均线和200MA平均线以及月线图中的股价走势上穿50（60）MA平均线时，这意味着股价走势已经开始步入长期上涨趋势之中，进入牛市，属于积极看多市场的时期。在这一趋势形成之时，投机者应该注意关注那些预示行情上涨的信号，顺应牛市上涨趋势做多头交易。相反，当日线图中的股价的走势下穿200MA平均线或250MA平均线、周线图中的股价走势下穿50（60）MA平均线、120MA平均线和200MA平均线以及月线图中的股价走势下穿50（60）MA平均线时，这意味着股价走势已经开始步入长期下跌趋势之中，进入熊市，属于积极看空市场的时期。在这一趋势形成之时，投机者应该注意关注那些预示行情下跌的信号，顺应熊市下跌趋势做空头交易。

　　我们先来看一下图3—2—1和图3—2—2中所示。其中图3—2—1是上证指数1995—2010年的周线行情走势图。图3—2—2是恒生指数1994—2010年的周线行情走势图。

200MA平均线

图3—2—1

200MA平均线

图3—2—2

从上面的两幅图示中，我们可以看到，每当指数上穿200MA平均线的时候，行情就会逐波上涨，形成一波为期较长的上涨趋势（牛市走势）；每当指数下穿200MA平均线的时候，行情就会逐波下跌，形成一波为期较长的下跌趋势（熊市走势）。

上面是200MA平均线所展示的牛市、熊市趋势形态，下面我们再来看一下以120MA平均线为标的所展示的长期行情涨跌趋势。如图3—2—3和图3—2—4中所示。

其中图3—2—3是道琼斯工业指数1995—2010年的周线行情走势图。图3—2—4是纳斯达克指数1992—2010年的周线行情走势图。

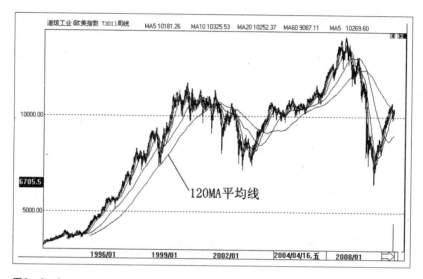

图3—2—3

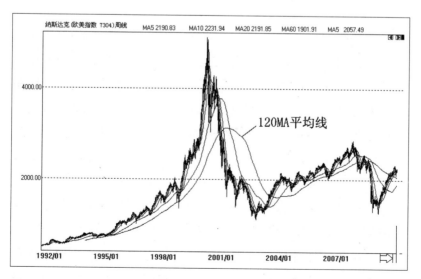

图3—2—4

从上面的两幅图示中，我们可以看到，每当指数上穿120MA平均线的时候，行情就会逐波上涨，形成一波为期较长的上涨趋势（牛市走势）；每当指数下穿120MA平均线的时候，行情就会逐波下跌，形成一波为期较长的下跌趋势（熊市走势）。

所以，有经验的趋势投机者通常都是在牛市上涨的阶段，关注那些预示行情上涨的短期或长期看多信号，积极建立多头仓位；而每当行情下跌，形成熊市下跌阶段时，他们就会随行就市地顺应大势，转而关注那些预示行情下跌的短期或长期看空的信号，积极建立空头仓位。

记住，在牛市趋势中关注上涨信号，而在熊市趋势中关注下跌信号，就是顺势而为的精髓！大多数人之所以不断地在市场中变换头寸方向，都是因为不懂趋势的缘故。

第三节　中期趋势顺应法则

Section3

在日线图中，我们通常会采用120MA平均线和60（50）MA平均线作为确认中期趋势的周期标的，这通常都是一些中期趋势投机者最常用的方法之一，其应用法则就是：当日线图中的股价走势上穿120MA平均线或上穿60（50）MA平均线时，就意味着行情的价格走势已经开始步入中期上涨趋势之中，进入中期上涨阶段，属于积极看多市场的时期。在这一趋势形成之时，投机者应该注意关注那些预示行情上涨的信号，顺应牛市上涨趋势做多头交易。相反，当日线图中的股价走势下穿120MA平均线或下穿60（50）MA平均线时，这意味着行情的价格走势已经开始步入中期下跌趋势之中，进入中期下跌阶段，属于市场低迷看空市场的时期。在这一趋势形成之时，投机者应该注意关注那些预示行情下跌的信号，顺应下跌趋势做多头交易。

当然，我们也可以将价格和指数上穿120MA平均线和60（50）MA平均线作为投机者看多市场的信号，将价格和指数下穿120MA平均线和60（50）MA平均线作为投机者看空市场的信号。

我们先来看一下图3—3—1和图3—3—2中所示。其中图3—3—1是豆一指数2001—2010年的日线行情走势图。图3—3—2是恒生指数2004—2010年的日线行情走势图。

图3—3—1

在这两幅图示中，我们可以看到，每当日线图中的指数上穿120MA平均线的时候，行情就会逐波上涨，形成一波为期较长的上涨趋势；每当日线图中的指数下穿120MA平均线的时候，行情就会逐波下跌，形成一波为期较长的下跌趋势。并且，即使指数在上涨的趋势中跌破120MA平均线，也会很快返回到120MA平均线上方，维持原先的上涨走势，直到指数跌穿120MA平均线下方出现反弹，但依然无法返回120MA平均线上方时，趋势才会由上涨转变为下跌。

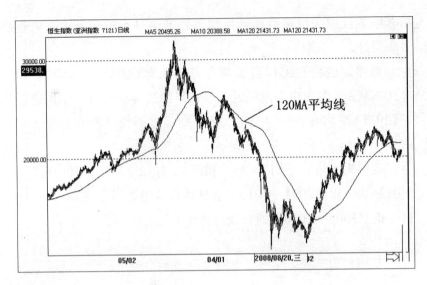

图3—3—2

　　同样，当指数处于下跌的趋势中时，即使向上击破120MA平均线，也会很快返回到120MA平均线下方，维持原来的下跌走势，直到指数上穿120MA平均线上方出现回调，但不再向下击穿120MA平均线时，趋势才会由下跌转变为上涨。

　　上面是120MA平均线所展示的上涨和下跌的趋势形态，下面我们再来看一下以60（50）MA平均线为标的的中期趋势分界线所展示的中期行情涨跌趋势。如图3—3—3和图3—3—4中所示。

　　其中图3—3—3是法ＣＡＣ40指数2008—2010年的日线行情走势图。图3—3—4是比利时指数2008—2010年的日线行情走势图。

　　在这两幅图示中，我们可以看到，每当日线图中的指数上穿60MA平均线的时候，行情就会形成一波为期较长的中期上涨趋势；每当日线图中的指数下穿60MA平均线的时候，行情就会形成一波为期较长的中期下跌趋势。并且行情的走势特征与120MA平均线的趋势标的相同，当指数在上涨的趋势中跌破60MA平均线时，也会很快返回到60MA平均线上方，维持原先的上涨走势，直到指数跌穿60MA平均线下方，不再返回60MA

图3—3—3

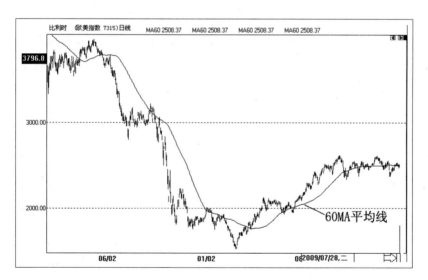

图3—3—4

平均线上方时，行情走势才会由上涨趋势转变为下跌趋势。下跌趋势的转变也是一样，当指数在下跌的趋势中向上击破60MA平均线时，也会很快返回到60MA平均线下方，维持原先的下跌走势，直到指数向上击穿60MA平均线，不再返回60MA平均线下方时，行情走势才会由下跌趋势转变为上涨趋势。

第四节　短期趋势顺应法则

Section4

　　在日线图中，我们通常会采用30MA平均线、20MA平均线和10MA平均线作为确认短期趋势的周期标的，这通常都是一些短期趋势投机者最常用的方法之一，其应用法则就是：当日线图中的价格走势上穿30MA平均线、20MA平均线和10MA平均线时，就意味着行情的价格走势已经开始步入短期上涨趋势之中，进入短期上涨阶段，属于积极看多市场的短期买入信号；相反，当日线图中的价格走势下穿30MA平均线、20MA平均线和10MA平均线时，这意味着行情的价格走势已经开始步入短期下跌趋势之中，进入短期下跌阶段，属于市场低迷看空市场的卖出信号。

　　当然，我们也可以在主要趋势向好，行情不断上涨的牛市中，将指数（价格）上穿30MA平均线、20MA平均线和10MA平均线作为看多市场后市的短期买入信号；而在主要趋势低迷，行情不断下跌的熊市中，将指数（价格）下穿30MA平均

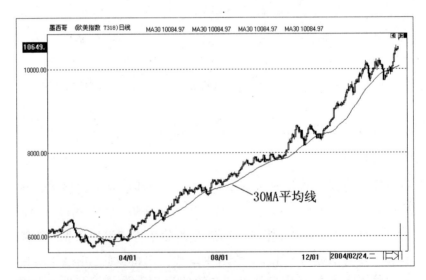

图3—4—1

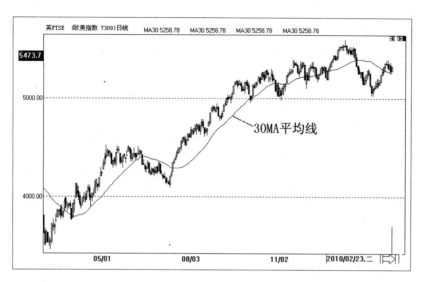

图3—4—2

线、20MA平均线和10MA平均线作为看空市场后市的短期卖出信号。

　　我们先来看一下图3—4—1和图3—4—2中所示。其中图3—4—1是墨西哥指数2003—2004年的日线行情走势图。图3—4—2是英FTSE指数2008—2010年的日线行情走势图。

　　从上面的两幅图示中我们可以看到，每当日线图中的指数上穿30MA平均线的时候，行情就会形成一波为期较短的上涨趋势；每当日线图中的指数下穿30MA平均线的时候，行情就会形成一波为期较短的下跌趋势。当指数在上涨的趋势中跌破30MA平均线时，会很快返回到30MA平均线上方，维持原先的上涨走势，直到指数跌穿30MA平均线下方不再返回30MA平均线上方时，行情走势才会由上涨趋势转变为下跌趋势；当指数在下跌的趋势中向上击破30MA平均线时，也会很快返回到30MA平均线下方，维持原先的下跌走势，直到指数向上穿越30MA平均线，不再返回30MA平均线下方时，行情走势才会由下跌趋势转变为上涨趋势。

　　除了上面的方法之外，有些短线交易者为了能够更加准确地确认指数（价格）短期的趋势走向，通常也会将一些大周期参数的均线运用到5分钟线、10分钟线、15分钟线、30分钟线、60分钟线上，以便于能够准确及时地发现短期指数（价格）走势的趋势和交易时机。

在下面，我们就将120MA平均线用在30分钟行情走势图中，来展示一下行情上涨和下跌的趋势形态。如图3—4—3和图3—4—4中所示。其中图3—4—3是日经225指数2008—2010年的30分钟行情走势图。图3—4—4是英FTSE指数2008—2010年的15分钟行情走势图。

从上面的两幅图示中我们可以看到，每当图中30分钟和15分钟的指数（价格）上穿120MA平均线的时候，行情就会形成一波为期较短的上涨趋势；每当图中30分钟和15分钟的指数下穿120MA平均线的时候，行情就会形成一波为期较短的下跌趋势。当指数在上涨的趋势中跌破120MA平均线时，就会很快返回到120MA平均线上方，维持原先的上涨走势，直到指数跌穿120MA平均线下方，不再返回120MA平均线上方时，行情走势才会由上涨趋势转变为下跌趋势；当指数在下跌的趋势中向上

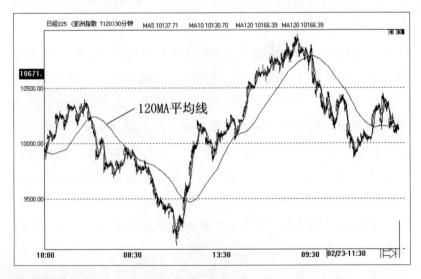

图3—4—3

图3—4—4

击破120MA平均线时，也会很快返回到120MA平均线下方，维持原先的下跌走势，直到指数向上穿越120MA平均线，不再返回120MA平均线下方时，行情走势才会由下跌趋势转变为上涨趋势。

上面就是一些最基本，同时也最常用的长、中、短期趋势走向的判断方法。所以，如果你是一名入市不久的新手，还在为如何快速地入门而犯愁，那按照本章的提议，先从确认趋势开始吧，即使你不会其他的，最起码认知了趋势，你不会因为搞不懂行情的趋势方向而犯下逆势而行的大忌。

记住，先学会确认趋势的方向，之后学习如何追随趋势，不要站错队！

第四章

Chapter4

界定你的机会属性——
控制交易频率，不要频繁交易

第一节 设计一套属于自己的技术分析系统，提升对自己交易风格的认知能力

Section1

记住，在投机市场中，我们无法创造时机，只能等待时机，在市场没有机会的时候，急于从石头中榨出水来，只能不断亏损。

机械地遵守指标的指示，并配合以正确有效的资金管理手段和风险管理手段，的确有助于提升期货投机者的交易绩效，大多数成功的期货投机者都是依赖技术分析而步步为营，最终成为强者的。

在很长一段时间里，我都在想同一个问题："一个期货投机者是否应该绝对放弃思考，而机械地随势而动呢？"最终我发现，如果你能够根据行为习性设计一套符合你自身气质的技术工具，这的确可以增加你的交易胜算，你也有可能将自己的能力最大限度地发挥出来。

有经验的期货投机者知道，一个眼睛时刻不离报价屏的短线投机者，要想不冲动是很难的，没有几年的成败苦楚，很难在股价频繁波动的时候稳如泰山地坐着，我们常常会有一种莫名其妙的冲动，行情指数和价格走势的微小波动都极有可能让我们心头一震。不仅如此，如果你未经研究、未经尝试，随便就选了一套别人的工具进行交易，你必定会因为不明白其中的原理和不适合自己的行为习惯而难以执行。所以如果没有一套适合自己的交易工具，没有一套符合自己性格气质的交易规则约束自己，我们的心就必定会随价而动，错误也必定会不断上演。在这样随机且无节制的交易中想要不亏钱是很难的。

接下来，我们讲解一下如何简单地设计一套适合自己的交易系统。

◎ **多指标配伍的技巧**

对于一些初入股指期货市场和商品期货市场的投机者来说，你并不需要，也无法在极短的时间里开发出一套直接有效且又适合自己的交易系统。但对于那些市场老手来说，根据自己的行为习性来选取几种作用不同的技术指标相互配伍，就是最直接、最有效的方法了。

指标配伍的方法有两种，一种是双指标配伍法，一种是多指标配伍法，也可以交互双指标配伍形式和多指标配伍形式。简单地说，凡是采用两个指标相互配伍的信号模式，我们就叫做双指标配伍信号；凡是采用三个以上指标配伍的信号模式，我们就叫做多指标配伍信号。然而在现实中，我们了解到相对于技术分析的投机者而言，指标配伍的数量不应该超过3种，如果将成交量和未平仓量指标包含在内的话，不应该超过5种，因为过多的指标相互配伍会因为各自的周期参数和设计原理各不相同，而导致不同指标的信号相互抵触、相互矛盾。所以最好的方法就是采用2～3种线形指标相互配伍确认趋势走向或超买超卖情况，然后辅以成交量、未平仓量等指标综合考量，这样就已经足够了。我看到很多投机者喜欢采用多种原理不同、参数不同、信号模式不同的指标进行配伍，企图从中找到一些所谓的"共振"，以此来发现可靠的信号，实际上你大可不必如此，因为这不但达不到你所期望的要求，还会让你不断地迷惑。

我们先来看三种多指标配伍的信号模式和配伍原理，希望你能够从中得到启发。一种是MA指标与MACD指标、KDJ指标的三者配伍；其配伍的原理是，以MACD指标配合MA指标确认趋势的走向，以KDJ指标的超买超卖特性来确认本段趋势的超买和超卖，并以三者的底部交叉作为有效的多空买卖信号。如图4—1—1和图4—1—2中所示。

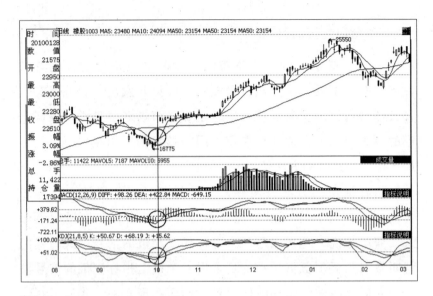

图4—1—1

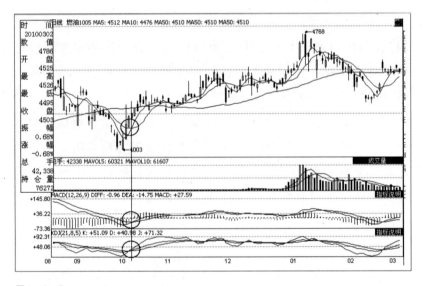

图4—1—2

另一组是MA指标与RSI指标、CCI指标的三者配伍。如图4—1—3和图4—1—4中所示。其配伍的原理是，以RSI指标配合MA指标确认短期趋势的走向，以CCI指标的超买超卖特性来确认本段趋势的超买和超卖，并以三者的中部交叉作为有效的

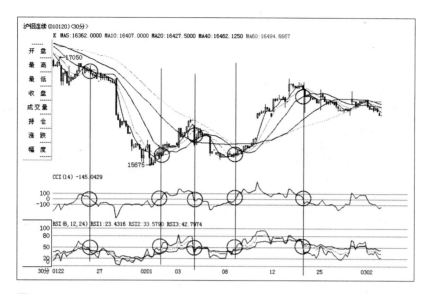

图4—1—3

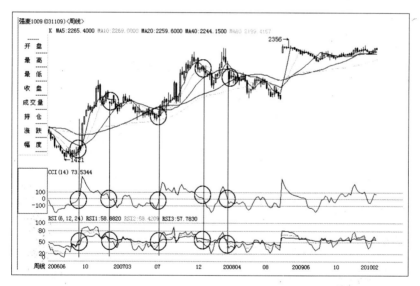

图4—1—4

多空买卖信号。

　　第三种是ROC指标与W%威廉指标、BOLL指标的三者配伍。其配伍的原理是，以BOLL指标的中轴线（20MA）作为一段确定短期走势的标的，以ROC指标配合W%指标确认

图4—1—5

图4—1—6

　　短期趋势的超买和超卖情况，并与BOLL指标的压力线相互配合，作为有效的多空买卖信号。如图4—1—5和图4—1—6中所示。

　　从上面多个图示中，我们看到多个指标配伍之后的一些较为有效的信号模式，但是在现实当中，我们必须要根据自己的需要和自己的交易风格、交易周期重新设计信号模式的周期，以避免多个不同指标的信号矛盾。所以在后面，我们在双指标配伍的章节中还会专门讲述每个配伍指标的设计方法。

◎ 双指标配伍的技巧

双指标配伍是投机者最常见也最容易的配伍方法。在上一节中，我们讲述了如何将不同的三个指标相互配伍起来，用以提高信号的准确度，相互验证、提高胜算。但有时候，因为这些指标设计原理上的不同，导致很多信号相互抵触，形成矛盾的信号，所以这就要求我们必须重新根据各指标的设计原理，考虑修改指标的参数，依此达到提高信号准确率的目的。

接下来，我们就来讲述如何将两个不同的指标配伍成一套有效的交易系统。

首先，我们要做的就是要了解各指标的设计原理，据此修改不同指标的周期参数，让它们的交易信号既能够同步发出，又能够相互验证、弥补各自的不足。我们就以RSI指标与MA均线指标的配伍和ROC指标与MA平均线指标的配伍来做这一节的讲解例题。

我们先来了解一下RSI指标。

RSI指标也被称为"相对强弱指数指标"，RSI指标最早就是期货投机者最热衷的交易工具，后来人们发现用该指标也适合股票市场，便对该指标的一些特点不断进行归纳总结，成为现在我们所熟悉的RSI指标了。市场的一般原理认为，投资者的买卖行为是受市场中的各种因素影响的，而市场价格走势所反映的就是各种因素的综合结果，但行情的变化走向则最终取决于供求关系，而RSI指标正是根据供求平衡的原理，通过测量某一个期间内价格上涨的总幅度占价格变化总幅度平均值的百分比，来评估多空力量的强弱程度，进而表现市场的买卖力度，指导投机者做出正确的交易决策。所以，我们也可以说，相对强弱指标RSI是一种测量市场供需关系和买卖力道的方法及指标。

1. RSI指标的计算原理

RSI(n)=n日内收盘价涨数平均值÷（n日内收盘价涨数平均值+n日内收盘价跌数平均值）×100。

公式源码如下：

LC：REF(CLOSE,1)；

RSI1=SMA(MAX(CLOSE−LC,0),N1,1)/SMA(ABS(CLOSE−LC),N1,1)×100

RSI2=SMA(MAX(CLOSE−LC,0),N2,1)/SMA(ABS(CLOSE−LC),N2,1)×100

RSI3=SMA(MAX(CLOSE−LC,0),N3,1)/SMA(ABS(CLOSE−LC),N3,1)×100

动态翻译如下：

LC赋值：昨收

输出RSI1=收盘价−LC和0的较大值的N1日[1日权重]移动平均/收盘价−LC的绝对值的N1日[1日权重]移动平均×100

输出RSI2=收盘价−LC和0的较大值的N2日[1日权重]移动平均/收盘价−LC的绝对值的N2日[1日权重]移动平均×100

输出RSI3=收盘价−LC和0的较大值的N3日[1日权重]移动平均/收盘价−LC的绝对值的N3日[1日权重]移动平均×100

通过上面的算式，我们可以知道RSI指标的技术含义，即以向上的力量与向下的力量进行比较，若向上的力量较大，则计算出来的指标就会处于上升状态；若向下的力量较大，则计算出来的指标就会处于下降状态，由此来测算市场走势强弱。

2. RSI指标的应用要则

（1）由RSI指标的算式可知，0≤RSI≤100。RSI＝50为强势市场与弱势市场分界点。通常我们会将RSI>80设为超买区，当价格（指数）进入超买区，则行情走势滞涨回档的机会

图4—1—7

增加;将RSI<20设为超卖区,当价格(指数)进入超卖区,则行情走势止跌反弹的机会增加。如图4—1—7中所示。

(2)根据RSI的设计原理可以知道,当RSI从高位超买区掉头向下交叉时为卖出信号,当RSI从低位超卖区掉头向上交叉时为买入信号。如图4—1—8和图4—1—9中所示。

(3)RSI指标的M形走向和W形走向是其独有的信号形

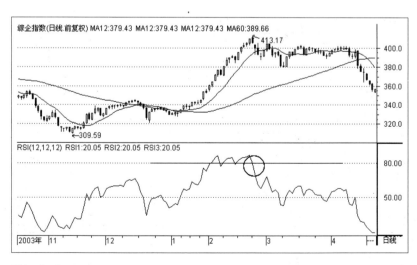

图4—1—8

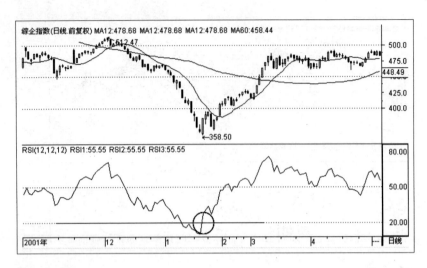

图4—1—9

态，M形走向是RSI指标的超买区常见的见顶形态，W形走向则是RSI指标超卖区常见的见底形态。当RSI指标在超买区形成M形走向和在低位形成W形走向时，我们可以看到RSI走向往往会与价格（指数）走向发生背离。所以，如果RSI指标在超买区和超卖区形成背离现象时，也是一种胜算较高的买卖信号。如图4—1—10和图4—1—11中所示。

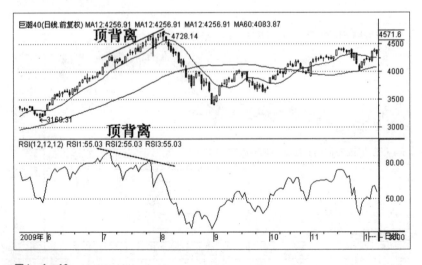

图4—1—10

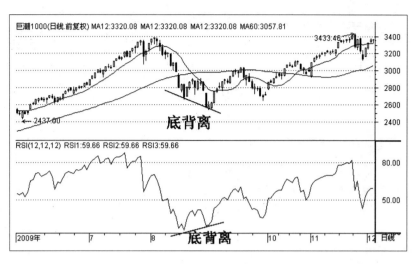

图4—1—11

（4）RSI由下往上走，一个波谷比一个波谷高，构成上升支持线，则为上升走势；RSI由上往下走，一个波顶比一个波顶低，构成下降压力线，则为下跌走势。但若RSI跌破上升走势的支持线，向下运行，为卖出信号；若RSI上穿下跌走势的压力线，向上运行，为买入信号。如图4—1—12和图4—1—13中所示。

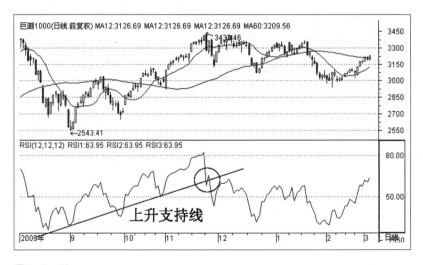

图4—1—12

图4—1—13

（5）RSI由底部超卖区域上穿50分界线时，意味着行情进入短期多头市场，也称为绝对多头趋势，市场中的买方力量大于卖方力量，为买入信号；反之，RSI由顶部超买区域下穿50分界线时，意味着行情进入短期空头市场，也称为绝对空头趋势，市场中的卖方力量大于买方力量，为卖出信号；如图4—1—14中所示。

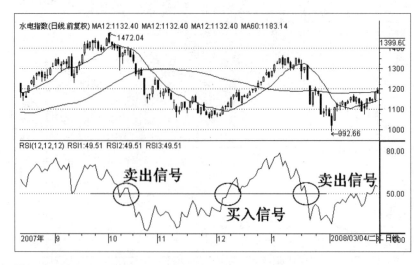

图4—1—14

（6）N日RSI的N值常见取6、12、24日。N值愈大趋势感愈强，但有反应滞后的倾向，称为慢速线；N值愈小对市场走势的变化反应愈敏感，波动愈频繁，称为快速线。因此，成熟的投机者通常都会将慢速线与快速线相互结合，比较观察。若快速线和慢速线同步向上，则意味着行情的升势较强；若快速线和慢速线同步向下，则意味着行情的跌势较强；此时，若快速线从高位向下下穿慢速线为卖出信号，若快速线从低位向上上穿慢速线则为买入信号。如图4—1—15中所示。

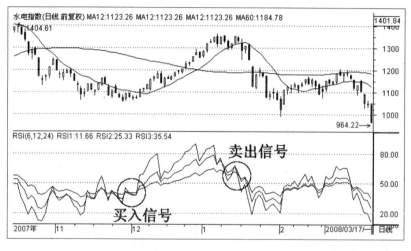

图4—1—15

（7）由于RSI设计上的原因，所以RSI的只能在0～100之间振荡游走，所以如果遇到行情的走势稳定，且延续的时间又相对较长，RSI在进入超买区或超卖区以后，就会因为受指标最大值和最小值的限制而无法继续延伸，出现所谓钝化现象。尤其是在持续大涨或大跌时，RSI指标就会因为这种自身的缺陷，发生买卖过早的遗憾。所以，很多有经验的投机者为了能够更好地解决这个问题，除了将RSI指标本身的超买区或超卖区的界定指标提升到90以上和10以下，再就是加大N的取值，比方采用6、12、24的双倍值，以缓解RSI指标的钝化现象。如图4—1—16和图4—1—17中所示。

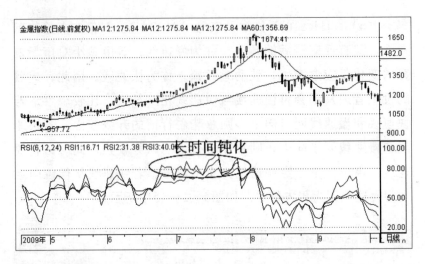

图4—1—16

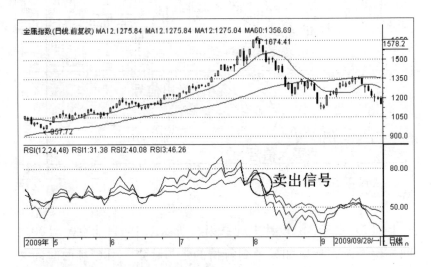

图4—1—17

　　上面是我们对RSI指标的解析，接下来我们就来讲述RSI指标如何与MA平均线指标相互配伍。

　　首先我们要找到一条与RSI指标相匹配的MA平均线。通过上面对RSI指标的解析，我们知道了RSI指标实际上就是计算的某一周期内价格上涨的总幅度占价格变化总幅度平均值的百分比，据此来评估多空力量的强弱程度。那么如果我们将MA平均线指标设置成与RSI指标相同的周期参数，将MA指标的穿越原理与RSI指标的交叉原理结合起来，能不能起到一定的弥补作用或互相验证的作用呢。

答案是：当然可以！

我们先来看一下图4—1—18和图4—1—19中所示的12日MA平均线与参数为12、24的RSI指标相互配伍之后的效果示

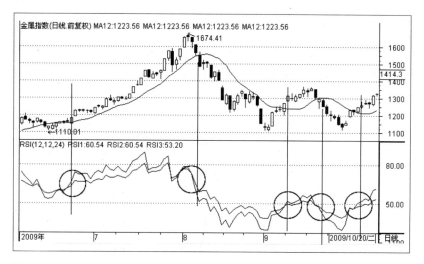

图4—1—18

图4—1—19

意图。

通过上面的两个图示，我们可以看到，两者短周期之内的买卖信号基本上都是一致的。虽然我们无法要求它们所有的买卖信号都是一致的，但只要它们之间的大多数信号一致，我们就会有更好的办法让这一模式得到进一步的改善。

还记得我们在上面曾经提到过交易应该把握顺势而为的要则吗？接下来，这一要则就开始发挥作用了。我们要先用一条长期的MA平均线（比方200MA或250MA平均线）来确定一下市场的长期走势，这样我们就能够顺应市场的总体方向，顺势抓住那些与市场总体方向相一致的买卖信号了。

我们来看一下图4—1—20和图4—1—21中所示。其中图4—1—20是顺势做空的建仓信号和平仓信号组合，图4—1—21则是顺势做多的建仓信号和平仓信号组合。

在图4—1—20中我们可以看到，当行情运行于200MA平均线的下方，步入长期下跌趋势时，指数跌破12MA平均线时，其下方的RSI指标的12日RSI在50分界线处也同步向下穿越24日RSI形成明显的空头建仓信号，当指数经过一段时间的下跌之后出现了向上交叉的形态时，就属于空头平仓的买入信号。

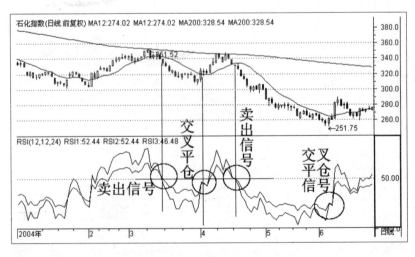

图4—1—20

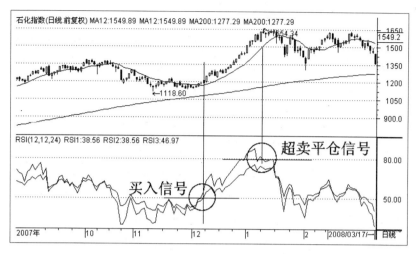

石化指数(日线,前复权) MA12:1549.89 MA12:1549.89 MA200:1277.29 MA200:1277.29

RSI(12,12,24) RSI1:38.56 RSI2:38.56 RSI3:46.97

超卖平仓信号

买入信号

2007年　10　11　12　1　2　2008/03/17/　日线

图4—1—21

从上面的图4—1—21中，我们可以看到，当行情运行于200MA平均线的上方，步入长期上涨趋势时，指数向上击破12MA平均线时，其下方的RSI指标的12日RSI在50分界线处也同步向上穿越24日RSI形成明显的多头建仓信号，当指数经过一段时间的上涨之后，指数开始进入超买区，并且出现向下逆转的现象，属于一个减仓卖出的信号。随着行情的继续疲软，12日RSI也开始向下穿越24日RSI形成明显的多头平仓卖出信号。

其他的RSI指标交易信号，我们会在后面有专门的章节讲解，本节我们所讲述的只是配伍的方法和程序，旨在抛砖引玉。MA平均线指标与RSI指标配伍的参数有很多种，我们无法一一讲述，并且不同的投机者也有不同的配伍方法，在这里，我们只能做一个穿针引线的作用，其他更多的方法需要你自己去研究探索。

我们再来看一下ROC指标。

ROC（Price Rate of Change）指标是以今天的价格与其N天前之价格相对比，以比率的形式来表示，此指标经由Gerald Apple和Fred Hitschler两人于"Stock Market Trading

Systems"一书中介绍，采用12天及25天周期可达到相当的效果。ROC指标通常用来测量价位动量，用以监视行情的常态性和极端性两种行情状态。ROC以0为中轴线，可以上升至正无限大，也可以下跌至负无限小。以0轴到第一条超买或超卖线的距离，往上和往下拉一倍、两倍的距离，再画出第二条、第三条超买、超卖线，则图形上就会出现上下各三条的天地线，如果指标运行于0上第一条线之间就属于多头常态区域，如果指标运行于0下第一条线之间就属于空头常态区域。如果指标穿越多头常态区向下交叉，属于卖空信号；如果指标穿越空头常态区向上交叉，属于买多信号。

1.ROC指标的计算原理

ROC=100×(收盘价-N日前的收盘价)÷N日前的收盘价。

公式源码如下：

ROC=100×(CLOSE-REF(CLOSE,N))/REF(CLOSE,N)

MAROC:MA(ROC,M)

动态翻译如下：

输出ROC=100×(收盘价-N日前的收盘价)/N日前的收盘价

输出MAROC:ROC的M日简单移动平均线

通过上面算式，我们可以知道ROC指标的技术含义与RSI指标的技术含义是相同的，只是计算的方法不同而已，都是以向上的力量与向下的力量进行比较，若向上的力量较大，则计算出来的指标就会处于上升状态；若向下的力量较大，则计算出来的指标就会处于下降状态，由此来测算市场走势强弱。

2.ROC指标的应用要则

（1）ROC具有超买超卖的特征。但因为不同的价格和指数的比率不同，其超买超卖的范围也略有不同，但正常的范围

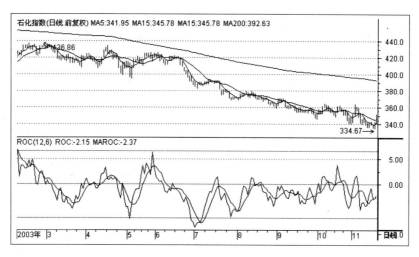

图4—1—22

一般介于正负6.5之间。如图4—1—22中所示。

（2）ROC波动于"常态范围"内，当上升至第一条超买线时，为ROC抵达超买水准，应注意建立空头仓位，为空头信号。ROC波动于"常态范围"内，而下降至第一条超卖线时，为ROC抵达超卖水准，应注意建立多头仓位，为多头信号。如图4—1—23和图4—1—24中所示。

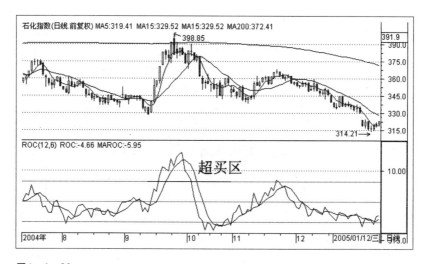

图4—1—23

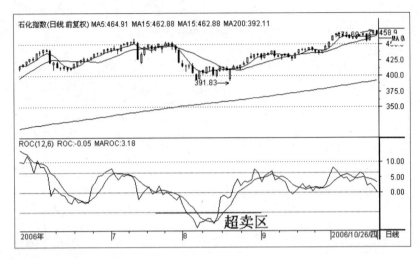

图4—1—24

（3）ROC与指数（价格）走势之间也会产生背离形态。当指数（价格）创新高时，ROC却未能创新高，这就是所谓的顶部背离，通常被技术派人士称之为"头部背离"，属于卖出信号。当指数（价格）创新低时，ROC却未能创新低，这就是所谓的底部背离，通常被技术派人士称之为"底部背离"，属于买入信号。如图4—1—25和图4—1—26中所示。

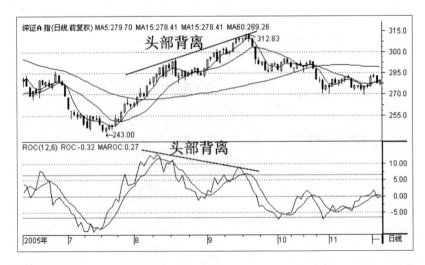

图4—1—25

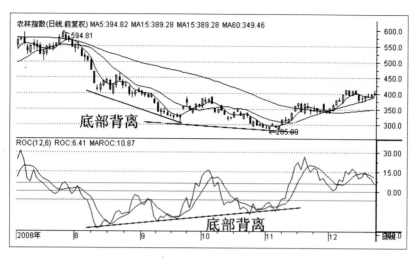

图4—1—26

（4）当ROC向上延伸则表示市场走势强劲，以0为中心线，当ROC由0中心线下方低位区域向上上穿0中心线时，为胜算较高的买入信号，应注意建立多头仓位或平掉空头仓位。当ROC由0中心线上方的高位区域向下下穿0中心线时，为胜算较高的卖出信号，应注意建立空头仓位，或平掉多头仓位。如图4—1—27和图4—1—28中所示。

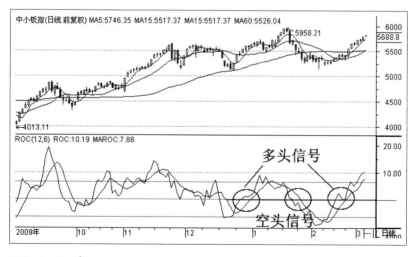

图4—1—27

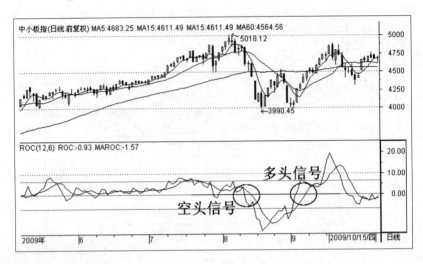

图4—1—28

（5）如果ROC向上突破第一条超买线之后，继续朝第二条超买线延伸，这通常意味着行情的涨势比较强劲，后市持续上升的可能性较大，但当ROC碰触到第二条超买线时，若出现滞涨并向下弯曲的现象时，则通常意味着行情的涨势有可能会结束，属于看空后市的做空信号。如果ROC向下突破第一条超卖线之后，继续朝第二条超卖线延伸，这通常意味着行情的跌

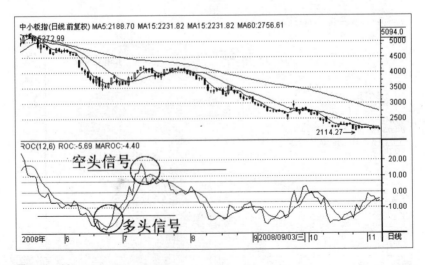

图4—1—29

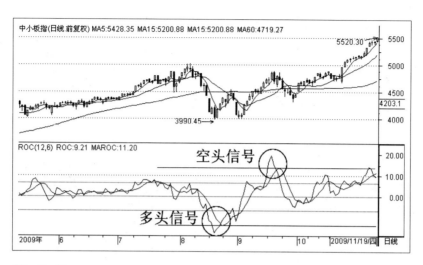

图4—1—30

势比较强劲，后市持续下跌的可能性较大，但当ROC碰触到第二条超卖线时，若出现止跌并向上弯曲的现象时，则通常意味着行情的跌势有可能会结束，属于看多后市的做多信号。如图4—1—29和图4—1—30中所示。

（6）当ROC向上穿越第二条（二倍）超买线，处于第二条和第三条超买线之间，甚至穿越了第三条超买线时，属于人

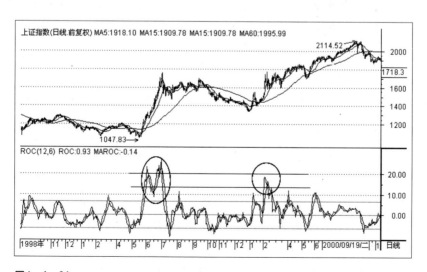

图4—1—31

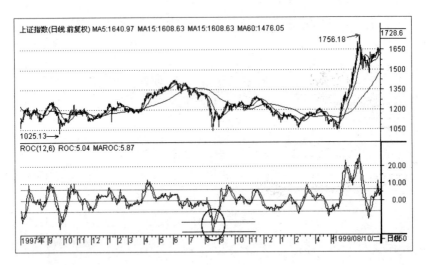

图4—1—32

气较旺的多头行情，此时行情通常都会不停地上涨，市场会不断超买，市场随时都会出现回档，属于风险较高的买入警示信号，此时投机者应特别留意ROC的滞涨信号，一旦行情滞涨，就必须要手脚麻利地平掉多头仓位。当ROC向下穿越第二条（二倍）超卖线时，处于第二条和第三条超卖线之间，甚至穿越了第三条超卖线时，属于人气低迷的空头行情，此时行情通常都会不停地下跌，市场会不断地超卖，市场随时都会出现回档，属于风险较高的卖空警示信号，此时投机者应特别留意ROC的止跌信号，一旦行情止跌，就必须要手脚麻利地平掉空头仓位。如图4—1—31和图4—1—32中所示。

当然，我们所演示的都是一些常用值，在现实中，如果你想更加准确地界定某一指数或股票的超买、超卖值，就必须要观察研究其较长的历史走势图，用以观察ROC在常态行情中，大约上升至什么地方会出现下跌转势，以及下跌至什么地方会出现上涨转势。这个距离就是第一条超买、超卖线的位置，再以此等距离向上和向下画第二条、第三条超买、超卖线。

在没有特殊的情况下，常态行情基本都会被确定在以0线为中线的第一条超买、超卖线之间，只要ROC没有异常上扬，大致上都属于"常态行情"。

ROC指标有时候会超出超买、超卖线一点点，这是正常的。所以采用区域的方式来确认ROC指标的超买、超卖也是一个不错的方法，比如第一超买区、第二超买区……当ROC在这些区域出现回折走势和交叉形态时就属于行情反转的信号。

上面是我们对ROC指标的解析，接下来我们就来讲述ROC指标如何与MA平均线指标相互配伍。

首先，我们要找到一组与ROC指标相匹配的MA平均线。通过上面我们对ROC指标的解析，我们知道ROC指标实际上也是计算的某一周期内价格上涨的总幅度占价格变化总幅度平均值的百分比，据此来评估多空力量的强弱程度。那么，如果我们将MA平均线指标设置成与ROC指标相同的周期参数，将MA指标的交叉原理与ROC指标的交叉原理相互结合起来，能不能起到一定的弥补作用或互相验证的作用呢。

答案是：也可以！但ROC指标就会受到很多因素的影响，其波动非常频繁，表现很不如意。所以，为了弥补ROC指标的这个缺点，我们必须要将ROC指标改良一下，并将其重新命名为ROCMA指标。投机者要知道，改良指标的方法，在选用指标配伍的时候会经常用到，因为很多时候，在配伍指标的过程中，我们需要结合不同的指标计算原理，进行调配和互补。所以为了提高指标的性能，我们不得不增加一些能够使指标更加稳定的均线因素，让这一指标既具有超买超卖的特性，又具备趋势指向的特性。

我们先来看一下改良后ROCMA的指标源码和动态翻译。

ROCMA指标公式源码如下：

ROC＝100×(CLOSE−REF(CLOSE,12))/REF(CLOSE,12)

MAROA:MA(ROC,6)

MAROC:MA(MAROA,12)

ROCMA:(MAROA-MAROC),COLORSTICK

ROCMA指标动态翻译如下：

ROC赋值=100×(收盘价-12日前的收盘价)/12日前的收盘价

输出MAROA:ROC的6日简单移动平均

输出MAROC:MAROA的12日简单移动平均

输出ROCMA:(MAROA-MAROC),COLORSTICK

可自行设置参数的ROCMA指标源码如下：

ROC=100×(CLOSE-REF(CLOSE,N))/REF(CLOSE,N)

MAROA:MA(ROC,M)

MAROC:MA(MAROA,M1)

ROCMA:(MAROA-MAROC),COLORSTICK

默认参数设置：N=12，M=6，M1=10。

（注：投机者可以在实际应用中根据自己的需要来确定这一指标的使用参数。）

我们再来看一下图4—1—33和图4—1—34中所示的12日MA平均线与参数为12的ROCMA指标相互配伍之后的效果示意

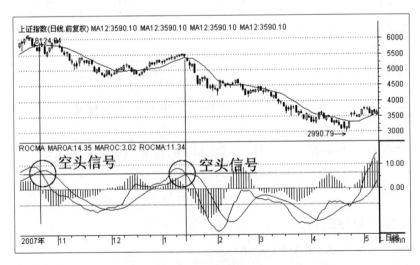

图4—1—33

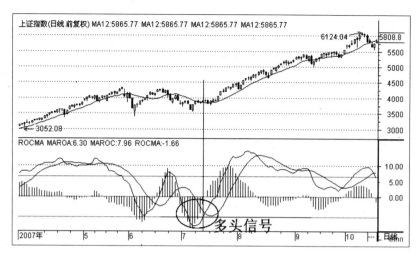

图4—1—34

图。

从上面的图示中，我们可以看到，在下跌趋势中，当
ROCMA指标进入超买区之后，出现下跌信号时，指数也同步
处于12MA平均线的下方，发出一个胜算较高的空头卖出信号；
相反，当ROCMA指标进入超卖区之后，出现上涨信号时，指
数也同步处于12MA平均线的上方，发出一个胜算较高的多头买
入信号。

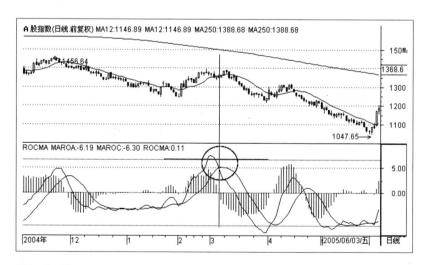

图4—1—35

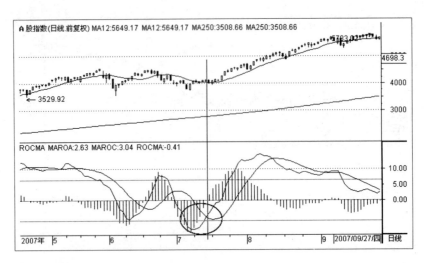

图4—1—36

　　而图4—1—35和图4—1—36中所示的则是以250MA平均线作为长期涨跌趋势分界线的ROCMA指标与12MA均线指标组成的顺势交易信号的完整组合。

　　在上面的图4—1—35中，我们可以看到，当行情运行于250MA平均线的下方，步入长期下跌趋势时，指数跌破12MA平均线时，其下方的ROCMA指标也在高位超买区同步向下弯头穿越超买线，并且MAROA快速线与MAROC慢速线向下交叉，红色柱状线呈现收缩状态，形成明显的空头建仓信号。当指数经过一段时间的下跌之后，ROCMA指标进入0中线下方超卖区，随着市场的超跌，行情逐渐企稳，绿色柱状线开始收缩，MAROA快速线与MAROC慢速线向上交叉，形成明显的多头建仓信号。

　　在上面的图4—1—36中，我们可以看到，当行情运行于250MA平均线的上方，步入长期上涨趋势时，指数也同步上穿12MA平均线，其下方的ROCMA指标在底位超卖区出现了向上弯头，并穿越超买线。不久，MAROA快速线与MAROC慢速线向上交叉，绿色柱状线呈现收缩状态，形成明显的多头建仓信号。当指数经过一段时间的上涨之后，ROCMA指标进入0中线的上方超卖区，红色柱状线开始收缩。不久，随着行情的超买，MAROA快速线与MAROC慢速线向下交叉，形成明显的空头建仓信号。

本节我们主要是为了讲述一下指标的配伍要点和应该注意的问题，受到篇幅的限制，其他的ROCMA指标的交易信号我们只能在后面的章节中讲述，在这里，我只能结合我的经验，做一个简短的说明。

记住，大师必须要有创造力，你什么时候看到演奏别人乐曲的人被人称之为大师？如果你想在投机界露出头角，你就必须要有创造力。仅靠书本中的内容，你很难有大的成就。

第二节　经典且有效的指标多空买卖信号

Section2

在本节中，我就给投机者介绍一些经得起时间考验的经典指标买卖信号，并将其与趋势相互结合，全面阐述顺势而为的交易法则。你可以通过这些信号快速地掌握期货交易的基本模式，提高学习的进度。

◎　MA均线多空头买卖法则

MA均线是期货投机者最常用，也最有效的技术分析工具。并且很多投机者通过长期研究各种期货品种，都能够根据不同品种的价格波动频率和波动范围，确定一些非常具有实质性的实用参数。

如果你是一位提倡顺势而为的投机者，你一定会知道，任何一个指标的信号，都应该把握趋势至上的要则，正如我们在前面提到的那样，我们应该顺应趋势的方向去交易那些与趋势的走向相一致的机会信号。这一原则即便是在具有趋势导向的

MA平均线指标中也不例外。

在应用MA平均线的时候，除了价格穿越原理之外，最有效的信号模式就属均线交叉原理。但因为价格穿越原理相对于均线交叉原理有更多的不确定性，而均线交叉原理相对于价格穿越原理又有一定的滞后性，所以有经验的投机者通常会将两者结合应用，将价格穿越模式作为初始仓位的尝试性建仓信号，将均线交叉模式作为加码买进的确认信号。换言之，他们会采用某一周期较长的MA平均线作为中期趋势的标杆，当价格上穿这一标杆的时候，就是尝试性建立初始仓位的看多信号，当短期的MA平均线上穿中期的MA平均线形成向上交叉信号时，就为初始仓位的确认建仓信号，属于看多者的二次确认信号。如

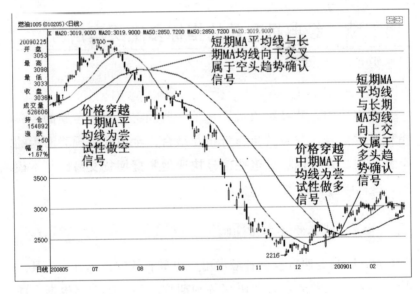

图4—2—1

图4—2—1中所示。

图4—2—1是燃油（1005）2008年5月至2009年2月的日线行情走势图。

图中，我们以50MA平均线作为一条中期趋势标杆，20MA平均线作为短期趋势标杆，其系统交易模式为：当20MA平均线

与50MA平均线在高位形成向下的交叉时为卖出信号；当20MA平均线与50MA平均线在低位形成向上的交叉时为买入信号。

当然，如果你是一位有经验的投机者就会知道，仅靠这样简单机械的交叉就想要化解风险，走向获利，不是那么容易的，因为我们缺少资金管理模式，无法降低风险。所以，为了弥补这一系统的不足，我们应该采取两次或多次建仓的方法，以化解、降低行情逆转给我们带来的伤害。

从上面的图示中我们可以看到，如果我们把价格下穿50MA作为一个建立空单的信号，而把20MA下穿50MA作为第二个建立空单的信号，这样我们不但压缩了建仓的成本，还削减了趋势走向的不确定性。也就是说，我们采用价格下穿50MA作为第一个建仓信号，采用的是MA均线规则中的价格穿越信号，因为这种信号较均线交叉信号具有一定的不确定性，如果我们一次性建立的仓位太重，一旦出现不确定性波动，我们必定要承受过大的亏损，但我们的原则是尽量压低损失，用最小的损失换取最大的收益。所以，我们遇到这一信号时，运用轻仓法则建仓，就会削减不确定性波动给我们造成的过大损失。但为了获取最大的收益，我们会在20MA与50MA向下交叉的时候，将其作为一个趋势进一步确认的信号，并在此时建立第二个仓位。但如果我们没有在价格下穿50MA平均线时建仓，而是一直等到交叉信号出现时才开始建仓，我们的成本会被抬高很多，甚至失去止损的标的（止损的方法我们在后面有专门的讲述），如果我们的仓位再重一些，那一旦行情"死火"，我们的损失就会非常大。

所以，善于在矛盾中寻求平衡，是投机者必须要掌握的一项技能和智慧。

我们继续讲述图例。

从下方的买入信号处，我们可以看到，因为行情价格的走势相对缓慢，所以导致价格上穿50MA平均线与20MA上穿50MA平均线处于同一位置。这样大的信号通常都是一些较为可靠的信号，遇到这样的信号时，仓位可以稍微多建立一些，等到其价格能够快速脱离成本区之后，再考虑加码的位置（加码的方法我们会在下面的章节中讲述）。

上面我们讲述的是在期货交易中，采用均线交叉的方法作为信号模式时的一些基本操作要素。

接下来，我们再来讲述一下均线交叉信号的确认要素。只有掌握这些要素，你的信号才会是最高概率的，你所作的交易也会是最高胜算的交易。

首先，我们要讲述的就是顺势要则！我们在上面讲过了，顺势而为是技术派投机者的必备法则，记住：只有顺势而为，才具最高胜算。

具体的方法是，采用一条长期的均线作为区分牛市和熊市的分界线，这条均线用200MA、240MA、250MA、300MA、320MA、350MA、360MA都可以。但在股指期货市场和商品期货市场中，因为品种的不同所以指数和价格的波动也会有所不同。或者说，不同的品种会有不同的波动幅度，你需要采用一段较长的周期来检测一下上述参数，哪一个更加适合你所关注

图4—2—2

的品种。我们本节采用的是以200MA为牛熊分界的平均线。如图4—2—2中所示。

图4—2—2是橡胶连续（010720）2007年3月至2008年6月的日线行情走势图。

从上面的图示中，我们可以看到，当行情的走势在200MA的下方形成交叉信号的时候，我们将其命名为"做空信号A"。但当20MA上穿50MA的时候我们则在此处命名为"平仓信号C"而不是"做多信号C"，其原因就是：当行情在长期均线的下方运行时，就属于长期空头市场（熊市），在这里我们只能做空头交易，而不能做多头交易，这就是顺势交易的原则。所以，我们在"做空信号A"处建立空头仓位，当20MA上穿50MA的时候，就是我们平仓的时机，如果你在此处买进，虽然你也有可能会正确，但却并不是顺势而为，这样你的胜算就会变低。所以，正确的建多信号是在"做多信号B"处，因为这时候价格已经处于长期上涨趋势中，属于长期多头市场（牛市），所以在这里做多头交易胜算才会最高。

当然，你也可以采用价格穿越原理，即在价格上穿200MA

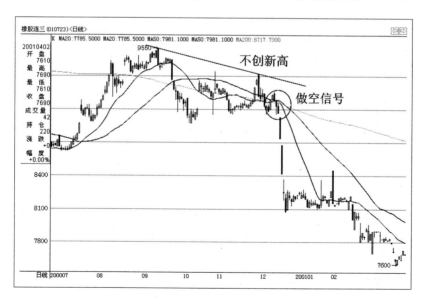

图4—2—3

平均线的时候，进行尝试性建仓，等行情持续上涨之后，出现买入信号的时候再开始加码买进，这都可以，你完全不必顾忌我书中所提到的参数和方法，关键是你要有自己对市场、对趋势以及对信号模式和交易策略的认识。

第二种交易方法就是逆市交易的方法。这看起来很矛盾是吗？实际上不是。这种交易方法实际上是结合了趋势线和MA平均线两者的要则，而形成的一种信号模式。如图4—2—3中所示。

图4—2—3是橡胶连三（010723）2000年7月至2001年3月的日线行情走势图。

从上面的图示中，我们可以看到，橡胶连三（010723）的走势自2000年9月达到9550的高点之后便开始下跌，随后形成了两波小幅度的反弹，但都没能创出新高就再次下跌，按照趋势线的确认法则，我们通过连接行情的两波上涨行情的顶部，可以看到行情此时形成一个明显的下跌压力线，如果行情此时再次下跌，我们即可确认趋势已经步入下跌趋势。

所以，从上面的图示中我们可以看到，当价格走势无法创

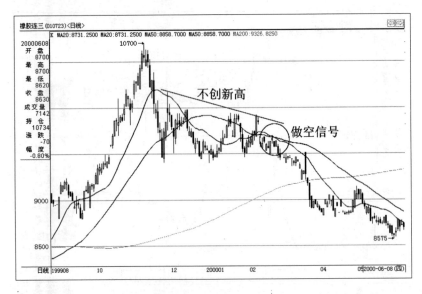

图4—2—4

出新高，下穿200MA平均线，且20MA也开始再次向下发散下穿50MA时，就属于一个胜算较高的做空信号。但是投机者应该记住，我们之所以说这种方法是逆市交易的方法，是因为在现实交易中，有时候交易信号形成的方向会与长期均线所指示的方向相背，比方有时候做空的信号会出现在长期MA平均线的上方，而并不是出现在长期MA平均线的下方；有时候做多的信号会出现在长期MA平均线的下方，而并不是出现在长期MA平均线的上方；所以我们才将这一方法称为逆市交易法。但实际上，通过我们上面所讲述的我们知道，我们依然是在顺势而为，并没有违背趋势交易的原则。我们再来看一下图4—2—4中所示的一段行情走势。

图4—2—4是橡胶连三（010723）1999年8月至2000年6月的日线行情走势图。

从上面的图示中，我们可以看到，橡胶连三（010723）的走势自1999年11月左右达到10700的高点之后便开始下跌，随后形成了三波小幅度的反弹，但也都没能创出新高就再次下跌，按照趋势线的确认法则，我们通过连接行情的三波反弹行情的

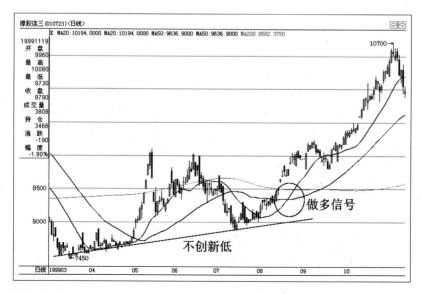

图4—2—5

顶部，可以看到此时橡胶连三（010723）的行情走势已经形成一个明显的下跌压力线，并且，我们还可以看到，20MA平均线此时也再次下穿50MA平均线，形成一个明显的做空信号，此时我们即可确认趋势已经步入下跌趋势。虽然此时行情的走势依然在200MA平均线的上方。

上面我们看到的是一些下跌信号，即做空信号的形态走势，那么做多信号是不是也这样容易辨认呢？答案是：一样的。我们来看一下图4—2—5中的行情走势图。

图4—2—5是橡胶连三（010723）1999年3月至1999年11月的日线行情走势图。

从上面的图示中我们可以看到，橡胶连三（010723）的走势经过一轮下跌之后，自1999年3月左右达到7450的低点之后，便开始大幅上涨，但在1999年5月左右出现了一波大幅度的回调，但当行情回调到8000点左右时，开始止跌企稳，没能创出新低就再次反转向上。按照趋势线的确认法则，我们通过连接行情底部的两个底部，可以看到此时橡胶连三（010723）的行情走势已经形成一个明显的上涨支撑线。并且，20MA平均线上

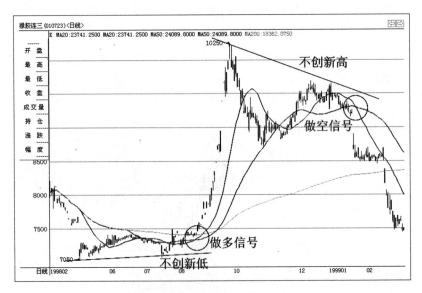

图4—2—6

穿50MA平均线在200MA平均线的下方向上交叉，形成一个明显的做多信号。虽然行情的走势还处于长期MA平均线的下方，但我们依然可确认趋势已经开始步入上涨了。

我们再来看一下图4—2—6中所示的一段行情走势。

图4—2—6是橡胶连三（010723）1998年2月至1999年3月的日线行情走势图。

从上面的图示中，我们可以看到，橡胶连三（010723）的走势经过一轮下跌之后，自1998年2月左右达到7050的低点之后，便开始小幅上涨，但上涨的幅度并不太大，在1998年6月左右再次下跌，但并没能创出新低就再次反转向上。按照趋势线的确认法则，我们通过连接行情底部的两个底部，可以看到此时橡胶连三（010723）的行情走势已经形成一个明显的上涨支撑线，并且，20MA平均线上穿50MA平均线在200MA平均线的下方向上交叉，形成一个明显的做多信号。投机者可以在出现信号时建立空头仓位。

当行情经过一轮上涨，创下10250的高点之后，便出现了大幅度的下跌，随后形成了一波大幅度的反弹，但没能创出新高就再次下跌，按照趋势线的确认法则，我们通过连接行情的两个顶部，可以看到此时橡胶连三（010723）的行情走势已经形成一个明显的下跌压力线，并且，我们还可以看到，20MA平均线此时也再次下穿50MA平均线，形成一个明显的做空信号，此时我们即可确认趋势已经步入下跌。投机者可以在出现信号时建立多头仓位。

下面的这两种信号模式则是另一种胜算较高的均线交叉形式，即三线交叉顺势信号。这种信号虽不常见，但其所预示的后市变化却是非常具有实际意义的。我们先来看一下图4—2—7中所示。

图4—2—7是橡胶连三（010723）2006年11月至2007年8月的日线行情走势图。

从上面的图示中，我们可以看到，橡胶连三（010723）

图1—2—7

的走势经过一轮大幅上涨，自2007年4月左右达到24360的高点之后，便开始快速下跌，并快速击穿了20MA、50MA、200MA三条平均线，随着行情的持续下跌，自2007年5月，20MA在下穿50MA平均线时，同时下穿200MA平均线。随后行情便在200MA的下方展开了一波小幅度的反弹，但受到50MA平均线的压制，而再次下跌，此时就是一个胜算较高的做空信号。

但从上面的图示中，我们还可以看到，当20MA在下穿50MA平均线并同时下穿200MA平均线时，行情的走势已经远离信号区了，在这个时候建立空头仓位，随着后期反弹行情的出现，我们必定会出现太大的浮亏，这非常容易让我们产生焦虑和恐惧，一旦信号失灵，我们也必定要接受过大的损失，所以为了避免这种现象的出现，我们必须要等到行情出现反弹之后并再次下跌时再开始建立空头仓位。而不要一看到三线交叉，不管行情距离均线多远就脸红心跳地立刻建仓。

所以，当你发现信号出现时价格已经远离信号区时，应该暂停你的交易，耐心地等待一下，看一看市场接下来的表现，等待出现更加有利的时机再开始出击。因为如果不是非常强劲的走势，行情通常会因为与均线的乖离太大而出现修正，一旦你买进之后，行情出现了幅度较大的修复，你就必定会出现很大的浮亏。你必须知道，在期货市场中，很多投机者之所以出现亏损的另一个原因，就是无法忍受行情大幅修正时出现的过大浮亏，致使自己在该建仓的时候平仓，这不仅给他们带来大幅的真实亏损，还让他们放弃了好机会。所以，当你发现行情的走势远离信号区域的时候，请想尽一切办法来降低你的交易成本，不要让自己接受太大的浮亏。请记住，聪明的投机者不但善于在最恰当的时机出击，还会在最恰当的位置出击。

下面的这幅图中所展示的建仓信号就比上面那幅强多了。我们来看一下图示，如图4—2—8中所示。

图4—2—8是橡胶连三（010723）2009年3月至2010年1月的日线行情走势图。

从上面的图示中，我们可以看到，橡胶连三（010723）的走势经过一轮大幅下跌之后，自2009年3月左右达到12120的低点不久，便开始快速反弹，经过一段漫长的振荡上扬，自2009

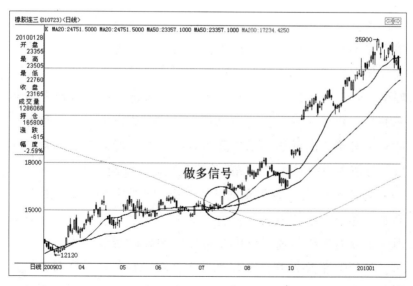

图4—2—8

年7月，20MA、50MA两条平均线同时上穿200MA平均线，形成一个明显有效的多头信号。我们再来看一下这一信号就可以发现，行情的走势在这一信号区域的表现与图4—2—7中的表现大不一样，在该图中，价格的走势紧压着三线交叉的建仓信号，所以在这样的信号区域建仓，要比在图4—2—7中那样的信号区域建仓少担很多风险。

所以，投机者应该记住，无论多好的信号，当价格的走势距离它太远时，都必须要考虑风险，因为价格的走势一旦距离均价区域（MA平均线也叫做市场均价线或市场均价区域）太远，很有可能会因为市场的超买和超卖而出现修复，一旦你在市场修复期建立太大的仓位，你就必定会面临较大的浮亏，甚至是亏损。更要命的是，在期货市场中有一种"逼空行情"和"逼多行情"的行为会加剧市场修复的力度。"逼空行情"用那些技术分析者的话来说就是"庄家为了持有更多的空头仓位，为了让那些空头投机者卖出自己的空头仓位，就会大幅度地拉升商品的价格，迫使价格打破大部分投机者设定的普遍的空头止损区域，让他们执行自己的止损指令，利用他们交易策略中的漏洞，以拿到更多的合约"。所以当所谓的"逼空"行情出现时，商品的价格往往会大幅向上振荡。相反，"逼多行情"用那些技术分析者的话来说就是"庄家为了持有更多的多头仓位，为了让那些多头投机者卖出自己的空头仓位，就会大幅度地打压商品的价格，迫使价格打破大部分投机者设定的普遍的多头止损区域，让他们执行自己的多头止损指令，利用他们交易策略中的漏洞，以拿到更多的合约。所以当所谓的"逼多"行情出现的时候，商品的价格往往会大幅向下振荡。

但是实际上，我们很难区分一波大幅振荡的行情走势是不是"逼空"或"逼多"行情，期货市场之所以在很多时候出现大幅度的涨跌，通常是因为市场中的赎回原因导致市场中出现了双倍的涨跌力量。比方，当趋势看空的时候，很多看多的投机者也会平掉多头仓位，然后再重新建立空头仓位，这样，他平仓的时候要卖出原先的多头仓位，当他重新建立空头仓位的时候，又要再一次建立空头仓位，如果他在一天中要完成平掉多头仓位，换成空头仓位，那么他就要做两次空头交易。相反，如果他已经建立了空单，要看多后市，就必须要先买回先前卖出的空头合约，然后重新买入多头合约建立多头仓位。所以，因为期货交易的多空特性，导致期货市场在某一时期内会出现不合理的波动。所以，在某些信号不健康的情况下，投机者必须谨慎对待你的交易，尽量不动或少动。

◎ MACD指标多空头买卖法则

MACD指标是很多投机者常用的指标之一。甚至可以这样说，在投机市场中如果你不懂MACD指标，那你就白混了。

MACD指标的信号模式有交叉模式、背离模式和柱状线收缩扩张模式，而在本节中，为了更好地配合MA平均线，我们只采用MACD指标的交叉模式，来作为我们交易的信号。

为了顺势而为，在这里我们就用一条250MA的平均线来作为长期上涨趋势（牛市）和长期下跌趋势（熊市）的分水岭，只要行情运行在250MA平均线的上方，我们就只交易多头信号，而不交易空头信号；相反，只要行情运行在250MA平均线的下方时，我们就只交易空头信号，而不交易多头信号。

我们知道，MACD指标的有效交叉有两种形式，一种是行情上涨至高位后的高位向下交叉，我们称之为"高位死叉"，一种是行情下跌至低位的低位向上交叉，我们称之为"低位金叉"。但是这种交叉，在日线图以下的周期内并不能够做到顺势而为，如果投机者不善于或不懂得确定涨跌趋势的方法，很多情况下都会处于逆势交易的旋涡中，而采用MACD指标在市场中逆势交易，则犯了技术派投机者的大忌。所以，有据于此，一部分投机者往往会在周线图和月线图中运用MACD指标，并以周线图和月线图中的MACD指标的"低位金叉"和"高位死叉"来作为确认市场趋势走向的标的，并且这也是我常用的一种方法。但是在期货市场中，我们为了尽可能多地抓住周期相对较短的机会，所以最多使用的通常都是日线图和周线图，因为期货交易中一份合约活跃期只有几个月，采用过长的周期，等你验证出趋势来，市场的活跃期已经过了。所以，为了更好地把握有限的时效和机会，我们采用日线图，要比采用月线图、周线图更加灵活有效。

在日线图中，我们除了会采用一条长期的MA平均线作为市场长期涨跌的分水岭之外，我们还会采用MACD的0轴线来进一步确定中期的趋势，以确保所有的交易都是顺应最基本的趋势和最有效的机会。所以，我们在选择MACD指标的交叉信号的时候，会选择那些DIF线和DEA线紧贴0轴线的交叉和DIF线穿越0轴线的交叉来作为胜算最高的交易信号。因为，MACD指标的0轴线就相当于一条50（60）MA平均线，属于一条中期趋势分界线，所以，当MACD指标的DIF线上穿0轴线的时候，往往也是价格走势同步或先后上穿50MA平均线的时候；当MACD指标的DIF线下穿0轴线的时候，往往也是主图中的价格走势同步或先后下穿50MA平均线的时候。如图4—2—9中所示。

图4—2—9

图4—2—9是燃油（1005）2009年9月至2010年3月的日线行情走势图。

从上面的图示中，我们可以看到，当燃油（1005）的价格上穿50MA平均线的时候，其下方副图中的MACD指标的DIF线也同步上穿0轴线；当燃油（1005）的价格下穿50MA平均线的时候，其下方副图中的MACD指标的DIF线也同步下穿0轴线；投机者在建仓以后只要MACD指标的DIF线不下穿0轴线就可以一直持有，直到"你认为"可以平仓时再开始平仓。

同理，当MACD中的DIF线上穿DEA线时，往往也是主图中的价格上穿10MA平均线的时候；当MACD中的DIF线下穿DEA线时，也是主图中的价格下穿10MA平均线的时候，如图4—2—10中所示。

从上面的图示中我们可以看到，图4—2—10和图4—2—9是同一幅图示。

当燃油（1005）的价格上穿10MA平均线的时候，其下方副图中的MACD指标的DIF线也同步上穿DEA线；当燃油（1005）的价格下穿10MA平均线的时候，其下方副图中的

图4—2—10

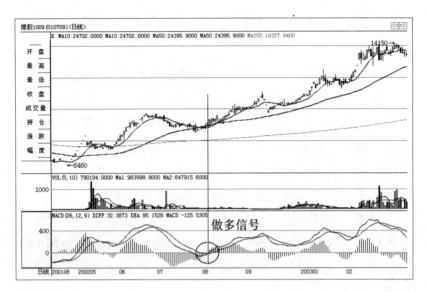

图4—2—11

MACD指标的DIF线也同步下穿DEA线；然而从图4—2—10中我们却可以看到，采用价格穿越10MA与MACD指标中的DIF线穿越DEA所形成的交叉作为交易的信号标的，是极不稳定的。但从图4—2—9我们可以看到，采用价格穿越50MA与MACD指标中的DIF线穿越0轴线所形成的交叉作为交易的信号标的，其走势非常稳定，效果非常好。

然而，采用价格穿越10MA与MACD指标中的DIF线穿越DEA所形成的交叉作为交易的信号标的，也不是一无是处，为了避开MACD指标的这种交叉造成的各种不确定性，在顺势交易中，我们往往会采用其在0轴线附近紧贴0轴线发出的交叉信号作为胜算较高的买卖信号，并且这种方法非常经得起考验。我们来看图4—2—11中所示。

图4—2—11是橡胶（1009）2001年8月至2003年3月的日线行情走势图。

从上面的图示中，我们可以看到，当橡胶（1009）的价格紧贴50MA平均线上穿10MA平均线的时候，其下方副图中的MACD指标的DIF线也同步紧贴0轴线上穿DEA线；之后行情便

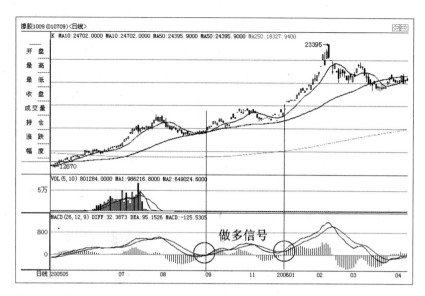

图4—2—12

开始不断地振荡上行，虽然价格在这其间多次跌破10MA平均线，MACD指标的DIF也多次向下穿越DEA线，但却一直处于0轴线上方，所以都属于长期多头一直持有的时期。

这种方法的原理实际上是将均线托底原理与均线穿越原理两者结合，即当价格在50MA平均线附近受到支撑的时候，其下方副图中MACD指标的DIF线也会受到0轴线的支撑；所以当价格在50MA均线处再次上涨，并上穿10MA平均线的时候，通常MACD指标的DIF线也会在0轴线处上穿DEA线。这就是这一信号系统的基本原理和信号模式的支点。

我们再来看一下图4—2—12中，橡胶（1009）2005年5月至2006年4月的日线行情走势图所展示的类似信号模式。

从上面的图示中我们可以看到，当橡胶（1009）的价格紧贴50MA平均线上穿10MA平均线的时候，其下方副图中的MACD指标的DIF线也同步紧贴0轴线上穿DEA线；当橡胶（1009）的价格稍稍离开50MA平均线上穿10MA平均线的时候，其下方副图中的MACD指标的DIF线也同步稍稍离开0轴线上穿DEA线；之后行情便开始不断地振荡上行，一直到创下

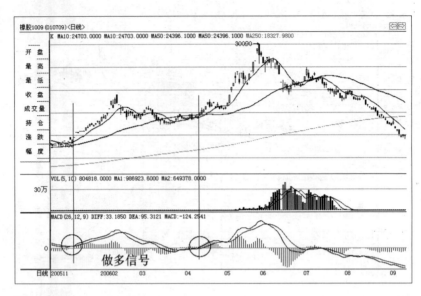

图4—2—13

23395的高点之后，市场出现超买，行情以一根大阴线收盘，不久便开始快速下跌。所以，当投机者发现副图中的MACD指标的DIF线紧贴0轴线或在0轴线附近向上穿越DEA线时就属于一个胜算较高的做多信号；如果MACD指标一直处于0轴线上方，就属于长期多头坚定持有的时期，直到出现危险信号。

图4—2—13则是橡胶（1009）2005年11月至2006年9月的日线行情走势图。

从上面的图示中，我们可以看到，当橡胶（1009）的价格紧贴50MA平均线上穿10MA平均线的时候，其下方副图中的MACD指标的DIF线也同步紧贴0轴线上穿DEA线；当橡胶（1009）的价格下穿50MA平均线，稍稍离开50MA平均线之后上穿10MA平均线的时候，其下方副图中的MACD指标的DIF线也同步下穿0轴线，并在稍稍离开0轴线不远处上穿DEA线；之后行情便开始不断地振荡上行，一直到创下3090的高点之后，市场出现超买，行情才以一根大长下影线的锤头阴线收盘，随后便开始快速下跌。

上面我们讲述的是做多信号，接下来，我们再来看一下做

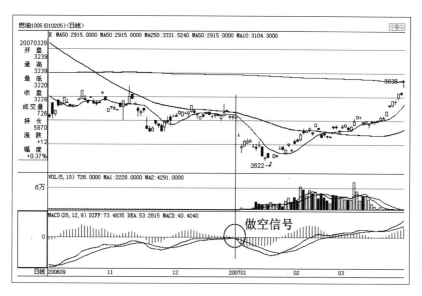

图4—2—14

空信号是不是也如此稳定有效。如图4—2—14中所示。

图4—2—14是燃油（1005）2006年9月至2007年3月的日线行情走势图。

从上面的图示中我们可以看到，当燃油（1005）的价格紧贴50MA平均线下穿10MA平均线的时候，其下方副图中的MACD指标的DIF线也同步紧贴0轴线下穿DEA线；之后行情便开始以跌停的形式快速下行，一直到创下2622的低点之后，市场出现超卖，行情才开始止跌企稳快速上涨。随着MACD底部交叉的出现，行情价格开始不断攀升，最终冲破50MA平均线。所以，当投机者发现副图中的MACD指标的DIF线紧贴0轴线或在0轴线附近向下穿越DEA线时，就属于一个胜算较高的做空信号；如果MACD指标一直处于0轴线下方，就属于长期多头坚定持有的时期，直到出现危险信号。

研究过MACD指标的投机者可能会知道，MACD指标的另一种非常有效且效果稳定的交叉就是DIF线与0轴线的交叉。

在上面我们已经知道了MACD指标的0轴线就相当于一条50（60）MA平均线，属于一条中期趋势分界线，所以，当

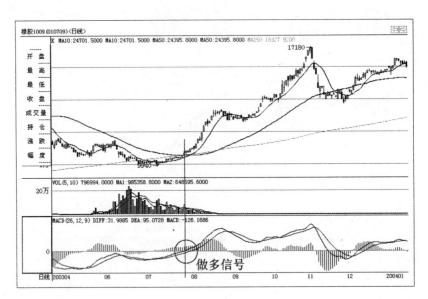

图4—2—15

MACD指标的DIF线上穿0轴线的时候，往往也是价格走势同步或先后上穿50MA平均线的时候；当MACD指标的DIF线下穿0轴线的时候，往往也是主图中的价格走势同步或先后下穿50MA平均线的时候。所以这一信号模式也是我最热衷的一种技术信号模式。

接下来，我就来讲述一下这一信号模式的特征以及应用要则。如图4—2—15中所示。

图4—2—15是橡胶（1009）2003年4月至2004年1月的日线行情走势图。

从上面的图示中，我们可以看到，当橡胶（1009）的价格上穿50MA平均线时，其下方副图中的MACD指标的DIF线也同步上穿0轴线；之后行情便开始以连续上涨的形式展开升势，不断上涨，一直到创下17180的高点之后，市场出现长期超买，行情才开始滞涨反转，快速下跌。

从图中我们可以看到，橡胶（1009）在2003年7月出现做多信号的时候，行情价格也几乎是同步上穿了250MA平均线，形成同步击穿信号，这种信号模式在现实当中虽不常见，但却

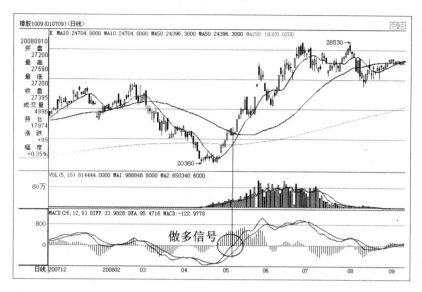

图4—2—16

很有实际操作意义，属于胜算较高的买卖信号，所以在现实当中，投机者若碰到类似信号时，应多加关注，注意把握。

图4—2—16则是橡胶（1009）2007年12月至2008年9月的日线行情走势图。

从上面的图示中我们可以看到，当橡胶（1009）的价格自低位的20360低点止跌反升，重新返上250MA平均线上方后，价格未作停顿，就直接向上击穿50MA平均线，虽然受到一定的压制，但没过多久，就再次上涨，延续了原先的涨势。

在橡胶（1009）的行情价格上穿50MA平均线的时候，我们可以看到其下方副图中的MACD指标的DIF线也同步上穿0轴线；之后行情便开始以连续上涨的形式展开升势，不断上涨，一直到创下28530的高点之后，市场因出现长期超买，行情未能再创新高，开始滞涨反转，快速下跌，步入进退维谷的振荡走势之中。

上面我们看到的都是做多的交叉信号。接下来，我们就再来看一下下跌行情中的做空信号模式。如图4—2—17中所示。

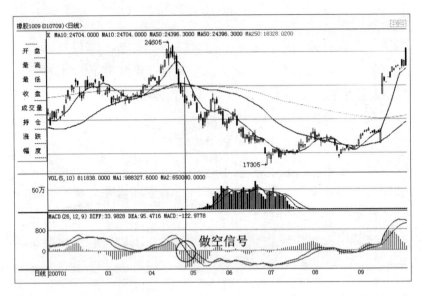

图4—2—17

图4—2—17是橡胶（1009）2007年1月至2007年9月的日线行情走势图。

从上面的图示中我们可以看到，当橡胶（1009）的价格自高位的24605高点滞涨反转之后，不久就跌穿了50MA平均线，并且我们还可以看到，价格在击穿50MA平均线的时候，也同时击穿了250MA平均线，进入长期下跌走势中，形成同步击穿信号。此时，我们再来看一下其下方副图中的MACD指标，就可以看到MACD指标的DIF线也同步下穿0轴线，形成一个明显的做空信号，随后行情便开始连续下跌，一直到创下17305的低点之后，市场因出现长期超卖，行情未能再创新低，并开始止跌反升，步入振荡上行的走势之中。

可能有的投机者会想，我们为什么就不能采取一种方式来做连续的交易呢？难道非要这样在长期上涨的趋势中做多头交易，然后在长期下跌的趋势中做空头交易吗？我们能不能发明一种方法来抓住所有的行情机会呢？比方我们是不是可以甩掉长期趋势，仅依赖MACD指标的各种交叉来进行连续的交易呢？当MACD指标出现金叉时，我们就买进多头仓位，当出现死叉时就平掉多头仓位，建立空头仓位，当再出现金叉的时候，我们就平掉空头仓位重新建立多头仓位……这样，我们只需要死板教条地按金叉、死叉的信号模式严格执行就可以了，岂不是能够抓住更多的机会，赚钱也更容易一些？

但我给你的回答可能会让你大失所望，市场中本来就不存在这样的方法。在期货市场中交易生存，对于一些有经验的投机者来说，建仓的信号必须建立在严格的信号模式之上，但在平仓的时候却需要一点点的感觉和技巧，指望开发出一幅指标来抓住所有的波动，毫不费力地按照信号的提示买进卖出是不现实的。这与我们所提到的按照指标的指引进行有纪律的交易并不矛盾。我之所以让投机者根据自己的行为习性来开发一套完全符合自己的工具，是要你找到一种适合你自己的行为习性的工具，因为这样你可以更好地、充分地发挥你自己的自身优势，让你找到自己的行为架构和交易模式。在建仓信号出现的时候你可以放弃思考，但在平仓的时候，这对你的交易技能却是一个极大的考验。所以，你必须要兼容很多种买卖信号，然后梳理出几种相互配伍的方法，以便能够相互配合，保存、持续你的优势。

在本节中，虽然我们只讲述了一些建仓的信号模式，但这些信号都是非常经得起考验的，它们比你所认为的任何能够"自动赚钱的机器"更值得你重视，当然，我们不会就这样结束交易技巧的讲述，在后面的章节中还有很多内容等着你，这其中就包括各种出局和止盈的方法。只有多掌握一些方法，你才能够多把握一些机会，并最大可能地保持、持续你的优势。记住，将所有的希望寄托于一套自动交易的系统之上，这样是不可取的。

◎ KDJ指标多空头买卖法则

随机指标KDJ是根据统计学的原理，以最高价、最低价及收盘价为基本数据进行计算，得出的K值、D值和J值，并绘制成曲线图来研判股票走势。所以,它在设计过程中主要是研究最高价、最低价和收盘价之间的关系,同时也融合了动量观念、强弱指标和移动平均线的一些优点,因此,能够比较迅速、快捷、直观地研判行情。

随机指标KDJ主要是利用价格波动的真实波幅来反映价格走势的强弱和超买、超卖现象,并在价格尚未上升或下降之前发出买卖信号的一种技术工具。该指标是由乔治·蓝恩博士最早提出的。随机指标KDJ最早是以KD指标的形式出现,而KD指标是在威廉指标的基础上发展起来的。不过威廉指标只判断市场的超买、超卖现象,在KDJ指标中则融合了移动平均线速度上的观念,形成比较准确的买卖信号依据。

在实践中,我们通常将K线与D线配合J线结合使用,将K线、D线、J线共同组成的低位、高位KDJ买卖信号作为胜算最高的信号模式来使用。由于KDJ线本质上就是一个随机波动的指标,故其对于掌握中短期行情走势比较准确。是一种相当新颖、实用的技术分析指标,它起先用于期货市场的分析,后被广泛用于股市的中短期趋势分析,是期货和股票市场上最常用的技术分析工具。

然而,因为KDJ指标的设计原理基于随机的波动,所以如果你采用的周期较短,KDJ指标就会连续不断地出现交叉,你会看到有的时候KDJ指标刚刚出现上涨交叉之后很快又出现下跌交叉,甚至出现行情在上涨的时候,KDJ指标出现明显的上涨交叉,但当行情下跌的时候上涨交叉又消失了。所以,在使用KDJ指标的时候,应该注意利用某一周期的收盘价作为判断其信号成立与否的依据,而不宜在不断变化的行情走势中死板地"按叉"买卖。

除此之外,如果你是一名短线投机者,请不要以KDJ指标作为买卖的唯一依据,KDJ指标本质上就是一个随机摆荡的指标,只是趋势分析中运用的一种统计超买、超卖的方法而已。

与MACD指标一样,除了交叉信号之外,在应用KDJ指标

图4—2—18

的过程中，KDJ指标也会与行情走势形成背离的走势，比方行情价格创出新高，而KDJ指标却没有创出新高，为顶背离，属于看空后市的信号；相反，行情价格创出新低，而KDJ指标却没有创出新低，为底背离，属于看多后市的信号。总之，KDJ指标的使用方法也有很多种，不同的人有不同的认识，也有不同的理解和应用原则。但因为本书内容所限，我们只讲述一种最经得起考验的多空买卖信号模式，就是在下跌趋势中专注于那些高位超买的做空信号和在上涨趋势中的低位超卖做多信号。如图4—2—18中所示。

图4—2—18是燃油（1005）2009年6月至2009年11月的日线行情走势图。

从上面的图示中我们可以看到，燃油（1005）的价格走势在250MA平均线的上方运行，说明市场目前正处于长期上升趋势之中。

行情自2009年6月开始振荡下行，一直到2009年7月中止跌企稳。此时我们再来看一下其下方副图中的KDJ指标，就可以看到KDJ指标的J线早已步入低位的0刻度线，行情出现严重的超卖现象。随着行情价格的不断反升，K线、D线、J线逐步在超卖区的20刻度线处交叉，形成一个明显的做多信号，之后行情便开始持续攀升，一直到创下4599的高点之后，市场因出现长期超买，行情未能再创新高，并出现快速下跌，步入另一波跌势之中。直到2009年10月，行情走势再一次出现超跌，KDJ指标的J线又一次步入低位的0刻度线，行情出现严重的超卖现象。随着行情价格的不断反升，K线、D线、J线再一次在超卖区的20刻度线处交叉，形成第二个明显的做多信号，之后行情便开始持续攀升。所以，当投机者在现实交易中遇到此类信号的时候，就属于那些中长期的投机者看多市场做多头交易的最佳时机。

图4—2—19是燃油（1005）2007年11月至2008年5月的日线行情走势图。

图4—2—19

从上面的图示中我们可以看到，燃油（1005）的价格走势也是在250MA平均线的上方运行，说明市场目前正处于长期上升趋势之中。

图4—2—20

　　燃油（1005）的行情走势自2008年1月开始快速下行，一直
到本月下旬才止跌企稳。此时我们再来看一下其下方副图中的
KDJ指标，可以看到KDJ指标的J线也已步入低位的0刻度线下
方，说明行情已经出现严重的超卖现象。随着行情价格的振荡
反升，K线、D线、J线也在超卖区的20刻度线处向上交叉，形
成一个明显的做多信号，之后行情便开始持续攀升，市场出现
长期上涨势头。所以，当投机者在遇到此类信号的时候，就属
于那些中长期的投机者看多市场做多头交易的最佳时机，投机
者应及时建立多头仓位。

　　我们再来看一下图4—2—20中燃油（1005）2007年3月至
2007年11月的日线行情走势图。

　　从上面的图示中我们可以看到，燃油（1005）的价格走势
也是处于250MA平均线的上方运行，说明市场目前正处于长期
上升趋势之中。

　　燃油（1005）的行情走势自2007年8月开始便一直处于下
跌走势之中，一直到8月下旬才止跌企稳。此时我们再来看一下
其下方副图中的KDJ指标，可以看到KDJ指标的J线也已步入低

位的0刻度线下方，说明行情已经出现严重的超卖现象。随着行情价格的振荡反升，K线、D线、J线也在超卖区的20刻度线处向上交叉，形成一个明显的做多信号。并且，我们还可以看到此时燃油（1005）的行情价格也受到了250MA平均线的托底支撑，这更进一步增加了胜算，提高了概率，此时就属于那些中长期的投机者看多市场做多头交易的最佳时机，投机者应注意及时建立多头仓位。之后，我们看到行情开始不断攀升，市场出现长期上涨走势。

上面的图示中，我们采用的都是常用参数（9、3、3）的KDJ指标，因为这种KDJ指标的参数较小，对一些短线交易投机者来说可能会相对有效，但对于那些中长期的投机者来说很多时候可能会不尽如人意。所以接下来，我们再讲解一下另一种参数的KDJ指标，这一参数的KDJ指标相对于上面的短周期KDJ指标而言，虽然在建仓时机上有些许滞后，但其作用却更加稳定、可靠，因为这种信号模式结合了均线穿越原理，即当KDJ三线交叉的时候，价格走势也会同时或先后穿越10MA平均线。我们来看一下图4—2—21中燃油（1005）2007年3月至

图4—2—21

2008年1月的日线行情走势图。

从上面的图示中我们可以看到，燃油（1005）的价格走势处于250MA平均线的上方运行，并且与价格的走势形成支撑状态，说明市场目前正处于长期上升趋势之中，且250MA平均线托底成功。

接下来我们看到，燃油（1005）的行情走势自2007年8月开始便出现振荡下跌的走势，一直到8月下旬才止跌企稳。

此时我们再来看一下其下方副图中的KDJ指标，可以看到KDJ指标的J线也步入了低位的0刻度线下方，说明行情已经出现严重的超卖现象。随着行情价格的振荡反升，K线、D线、J线也于2007年9月初在超卖区的20刻度线处形成向上交叉的做多信号，并且主图中的价格走势也已经处于10MA平均线的上方，属于胜算较高的做多信号，此时就是那些中长期的投机者看多市场做多头交易的最佳时机，投机者应注意及时建立多头仓位。之后我们看到，行情开始不断攀升，市场出现长期上涨走势。

图4—2—22中是燃油（1005）2007年9月至2008年7月的日

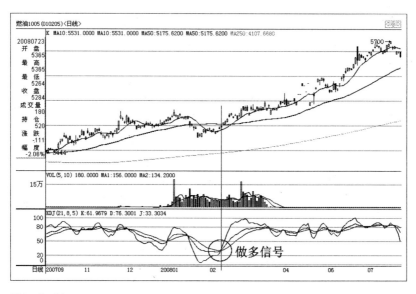

图4—2—22

线行情走势图。

从上面的图示中我们可以看到，燃油（1005）的价格走势依然是在250MA平均线的上方运行，说明市场目前正处于长期上升趋势之中。

接下来我们看到，燃油（1005）的行情走势自2008年1月开始便出现振荡下跌的走势，一直到本月下旬才止跌企稳。

通过其下方副图中的KDJ指标，可以看到KDJ指标的J线也步入了低位的0刻度线下方，说明行情已经出现较为严重的超卖现象。随着行情价格的振荡反升，K线、D线、J线也于2008年2月初在超卖区的20刻度线处形成向上交叉的做多信号，主图中的价格走势也已经处于10MA平均线的上方，属于胜算较高的做多信号，投机者应注意及时建立多头仓位。之后，行情快速返回50MA平均线，不断向上攀升，市场出现了一波为期较长的上涨走势。

图4—2—23则是燃油（1005）2005年7月至2006年4月的日线行情走势图。

从上面的图示中，我们可以看到，燃油（1005）的价格走

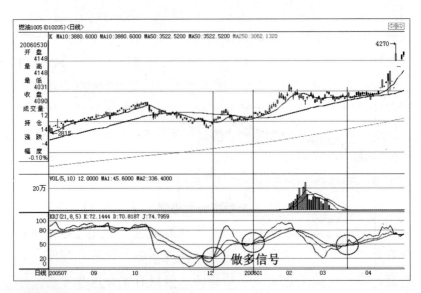

图4—2—23

势依然是在250MA平均线的上方运行，仍然是一段长期上升的趋势。

但这幅图中的信号似乎会比前几张图示的信号复杂一些，其实不然，只要你明白了其中的道理，就不会再复杂了。接下来，我们就来看图解说。

从该图中，我们可以看到燃油（1005）的行情走势自2005年10月开始便出现振荡下跌的走势，一直到11月下旬才止跌企稳。此时通过其下方副图中的KDJ指标，可以看到KDJ指标的J线已经步入了低位的0刻度线下方，市场中的超卖现象已经出现。随着行情价格的振荡反升，K线、D线、J线也于2006年12月初在超卖区的20刻度线处形成向上交叉的做多信号，我们看到主图中的价格走势同时上穿10MA平均线，呈现短期多头走势，但行情并没有直接上涨，而是呈现出振荡上涨的形态走势，其中出现了一次小幅度的回调，导致KDJ指标向下交叉，但好在行情下跌幅度不大，没有再创新低，能够及时止住跌势，并在50刻度线处再次发出向上交叉的做多信号，可能有一部分投机者不太明白为什么采用21、8、5参数的KDJ指标在这时交叉属于看多信号，这是因为这一组参数的KDJ指标的50刻度线，就相当于是一条50MA的平均线，它的作用就是区分短周期的涨跌趋势，KDJ指标在50刻度线处发出向上的交叉，其实就是价格在50MA平均线处（附近）上穿10MA平均线，就属于那些中长期的投机者看多市场做多头交易的最佳时机，投机者应注意及时建立多头仓位。之后在2006年3月，我们再一次看到燃油（1005）的行情走势形成一个这样的信号，随后行情又一次出现上涨走势。

综合上面的图示和讲述，我们知道了，采用KDJ指标与MA平均线相互结合起来顺势交易那些胜算较高的信号，是一个非常有效且比较安全的方法。虽然这种方法无法让你抓住所有的机会，或连续地买进卖出不断赚钱，但只有掌握这些方法，你才可能继续深入地研究下去。记住，要走那些正确的路，只有步入正确的道路，你才会如愿以偿地实现自己的目标。

◎ RSI指标多空头买卖法则

在前面我们已经简单地讲述了RSI指标的应用要则和技巧，这里我们再来介绍一种胜算较高的RSI指标的信号模式。

首先，你要做的是把你行情走势图中的MA主图指标的参数设置为10和50，然后再把RSI指标的参数设置为24，这样就形成了本节所讲述的信号模式了。

接下来，你还要注意的一点就是，找到那些不创新高和不创新低的行情走势，然后如本节中的"一、MA均线多空头买卖法则"中讲述的那样，按照趋势线的画法将行情的两个波谷和波峰用一条直线连接起来，画出一条趋势确认线，这样我们就可以找到高胜算信号的隐藏区了，我们只需要找到这样的行情走势，然后耐心等待信号的出现就可以了。我们先来看一下图示，如图4—2—24中所示的做空信号。

图4—2—24是橡胶（1009）2010年1月29日至2010年3月4日的30分钟行情走势图。

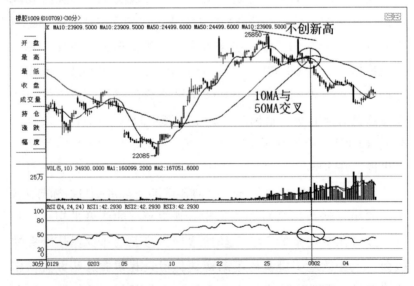

图4—2—24

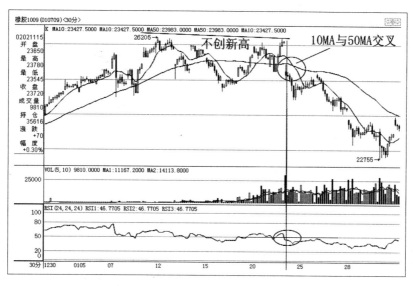

图4—2—25

从上面的图示中，我们可以看到，橡胶（1009）的价格自2010年2月25日左右创下25850的高点之后便开始快速下滑，虽然在2010年3月2日出现了一波冲高走势，但并没有创出新高，而是再次转入下跌的走势中，不但价格跌破了50MA平均线，10MA平均线也同时向下击穿50MA平均线。此时，我们看到其下方的RSI指标，也出现了向下交叉50中线的卖出信号，属于一个胜算较高的做空信号，投机者在遇到类似的信号时应注意建立空头仓位。

图4—2—25是橡胶（1009）2009年12月30日至2010年1月28日的30分钟行情走势图。

从上面的图示中我们可以看到，橡胶（1009）的价格自2009年1月12日左右创下26205的高点之后，便开始振荡下滑，虽然在2010年1月24日出现了一波冲高走势，但也没有创出新高，而是再次转入下跌的走势中，并跌破了50MA平均线，此时，我们再看其下方的RSI指标，也出现了向下交叉50中线的卖出信号，属于一个胜算较高的做空信号，投机者在实际交易中若遇到与此类似的信号时，应注意少量建立空头仓位。

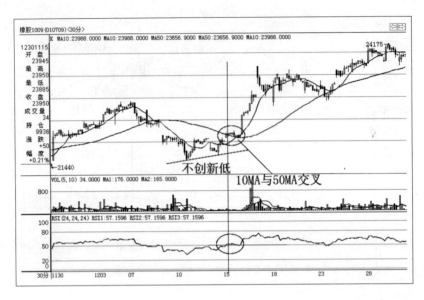

图4—2—26

为了确定趋势能不能成立，我们就需要再看一看10MA平均线与50MA平均线的交叉情况。

接下来，行情持续下滑，并且10MA平均线也向下击穿50MA平均线。再一次确认了下跌趋势的走势，此时就是那些仓位没有达到预期数量的投机者，再次加码的时机。

上面我们讲述的是两组做空头交易的做空信号模式，接下来，我们再来讲述两组做多头交易的做多信号。如图4—2—26中所示。

图4—2—26是橡胶（1009）2009年11月30日至2009年12月28日的30分钟行情走势图。

从上面的图示中，我们可以看到，橡胶（1009）的价格自2009年12月11日左右创下一个阶段性低点之后，便开始振荡上扬，虽然在2009年12月14日左右出现了一波回撤走势，但并没有创出新低，而是再次转入上涨的走势中，并上穿了50MA平均线，此时，我们再看其下方的RSI指标，顺应价格的走势出现了向上交叉50中线的看多信号，属于一个胜算较高的做多信号，投机者在实际交易中，若遇到与此类似的看多信号时，应注意

图4—2—27

少量建立多头仓位。

为了确定一下趋势能不能成立，我们就需要再看一看10MA平均线与50MA平均线的交叉情况。

接下来我们看到，行情并没有直接上涨，而是出现了小幅度的回撤，但在行情回撤的同时，10MA平均线却向上击穿50MA平均线，确认了本轮趋势的走势，形成了一个胜算较高的做多信号，此时就是那些仓位没有达到预期数量的投机者，再次加码的时机。

图4—2—27是橡胶（1009）2009年10月20日至2009年11月17日的30分钟行情走势图。

从上面的图示中我们可以看到，橡胶（1009）的价格自2009年10月30日左右创下一个阶段性低点19525之后，便开始振荡上扬，虽然在2009年11月2日左右出现了一波回撤走势，但并没有创出新低，而是再次快速转入上涨的走势中，上穿了50MA平均线，并且其下方的RSI指标，也立即顺应价格的走势出现了向上交叉50中线的看多信号，属于一个胜算较高的买入信号，形成一个初步做多的建仓信号。

图4—2—28

为了确定一下趋势能不能成立，我们就需要再看一看10MA平均线与50MA平均线的交叉情况。

接下来我们看到，行情并没有直接上涨，而是出现了一段时间的横盘整理，但随着行情的横盘，10MA平均线向上击穿50MA平均线，进一步确认了本轮趋势的走势，形成了一个胜算较高的做多信号，此时就是那些仓位没有达到预期数量的投机者加码买进的最佳时机。

上面是橡胶市场的行情走势图例，那么这种方法用在其他商品期货交易中的效果怎么样呢？接下来，我们就在芝加哥商品期货中的美小麦连（WHCC）中演示一下。如图4—2—28中所示。

图4—2—28是美小麦连（WHCC）2008年11月至2009年7月的日线行情走势图。

从上面的图示中我们可以看到，美小麦连（WHCC）的行情自2009年3月左右创下一个阶段性低点之后，便开始振荡上扬，虽然在2009年4月左右出现了一波回撤走势，但并没有创出新低，而是再次快速转入上涨的走势中，上穿了50MA平均线，但行情的走势却并没有持续上涨，而是再一次跌了下来，连续

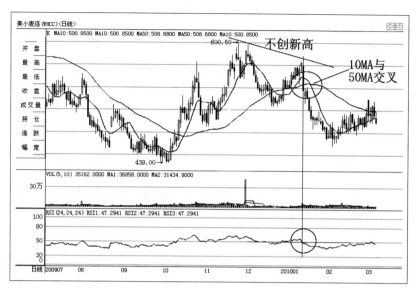

图4—2—29

两次下跌都没有创出新低，而是再一次向上击穿50MA平均线，并且我们还看到当美小麦连（WHCC）的行情走势上穿50MA平均线的时候，其下方的RSI指标也顺应价格的走势，出现了向上交叉50中线的看多信号，而且10MA平均线也同时向上击穿50MA平均线，直接确认了本轮趋势的走势，形成了一个胜算较高的做多信号，此时就是投机者的最佳建仓时机。

我们再来看图4—2—29中美小麦连（WHCC）的做空信号。

图4—2—29是美小麦连（WHCC）2009年7月至2010年3月的日线行情走势图。

从上面的图示中我们可以看到，美小麦连（WHCC）的走势自2009年12月左右创下600.50的高点之后，便开始振荡下滑，虽然在2010年1月出现了一波冲高走势，但却没有创出新高，而是再次转入下跌的走势中，并跌破了50MA平均线。

此时，我们再看一下主图下方的RSI指标，图中我们看到RSI指标顺应价格的走势出现了向下交叉50中线的卖出信号，属于一个胜算较高的做空信号，投机者在实际交易中若遇到与此

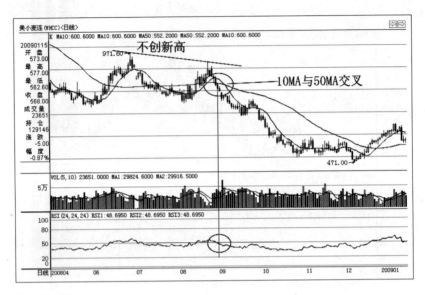

图4—2—30

类似的信号时，应注意线少量建立空头仓位。

为了进一步确定一下趋势能不能成立，我们就需要再看一看10MA平均线与50MA平均线的交叉情况。

接下来我们看到，行情持续下滑，并且10MA平均线也在不久后向下击穿50MA平均线。确定了下跌趋势的走向，此时就是那些先期仓位没有达到预期数量的投机者，再次加码的时机。

图4—2—30是美小麦连（WHCC）2008年4月至2009年1月的日线行情走势图。

从上面的图示中我们可以看到，美小麦连（WHCC）的走势自2008年6月左右创下971.60的高点之后，便开始快速下滑，虽然在2008年8月下旬出现了一波冲高走势，但却没有创出新高，而是再次转入下跌的走势中，并再一次跌破了50MA平均线。

此时，我们再看一下主图下方的RSI指标，RSI指标顺应价格的走势出现了向下交叉50中线的卖出信号，属于一个胜算较高的做空信号，与上面我们讲述的一样，投机者在实际交易中

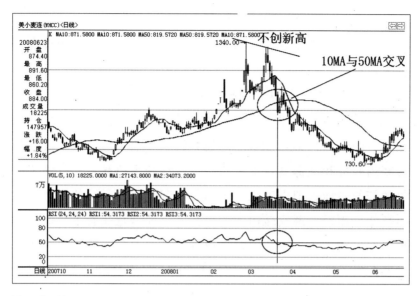

图4—2—31

若遇到与此类似的信号时，应注意先少量建立空头仓位。

为了确定一下趋势能不能成立，我们就需要再进一步看一看10MA平均线与50MA平均线的交叉情况。

接下来我们看到，行情持续下滑，并且10MA平均线也向下击穿50MA平均线。确定了下跌趋势的走向，此时就是那些先期仓位没有达到预期数量的投机者，再次加码的时机。

图4—2—31是美小麦连（WHCC）2007年10月至2008年6月的日线行情走势图。

从上面的图示中我们可以看到，美小麦连（WHCC）的走势自2008年2月下旬左右创下1340.00的高点之后，便开始快速下滑，虽然在2008年3月出现了一波冲高走势，但却没有创出新高，而是再次转入下跌的走势中，并跌破了50MA平均线。此时，我们再看一下主图下方的RSI指标，RSI指标顺应价格的走势出现了向下交叉50中线的卖出信号，属于一个胜算较高的做空信号，投机者在实际交易中若遇到与此类似的信号时，应注意先少量建立空头仓位。

为了进一步确定一下趋势能不能成立，我们就需要再看一看10MA平均线与50MA平均线的交叉情况。

接下来我们看到，行情持续下滑，并且10MA平均线也向下击穿50MA平均线。确定了下跌趋势的走向，此时就是那些先期仓位没有达到预期数量的投机者，再次加码的时机。

通过上面的讲述和图示，我们做一个总结。首先我们要确定趋势的动向，那就是采用画趋势线的方法来连接两个波谷和波峰的底部和顶部（也可以叫做上压线和支撑线），以确定趋势的初始走向，即先确定一个趋势的起点，当行情的走势不创出新低，而是出现反转向上的走势时，通常意味着下跌行情的走势有可能停止，行情随时会出现反转向上的走势，此时我们就要多加关注行情接下来的走向与50MA平均线的关系。如果行情的价格走势向上击穿50MA平均线时，并且下方的RSI指标也出现了向上交叉50中线的时候，就属于一个初步建仓的看多信号；为了能够进一步确定行情趋势的走向，我们还需要看10MA平均线和50MA平均线的交叉关系，以作最后的肯定。此时，如果10MA平均线不久能够随着行情价格的上涨向上交叉50MA平均线，则上涨趋势就得到了进一步确定，属于一个增加多头仓位的信号。

相反，当行情的走势不创出新高，而是出现反转向下的走势时，通常意味着上涨行情的走势有可能停止，行情随时会出现反转向下的走势，此时我们同样要多加关注行情接下来的走向与50MA平均线的关系。如果行情的价格走势向上击穿50MA平均线时，并且下方的RSI指标也出现了向上交叉50中线的时候，就属于一个初步建仓的看多信号；为了能够进一步确定行情趋势的走向，我们依然需要看10MA平均线和50MA平均线的交叉关系，以作最后的肯定。此时，如果10MA平均线不久能够随着行情价格的上涨，向上交叉50MA平均线，则上涨趋势就得到了进一步确定，属于一个增加多头仓位的信号。

◎ **CCI指标多空买卖法则**

与KDJ指标、RSI等指标一样，CCI指标也属于一个超买超卖的指标，也有人称之为CCI顺势指标，其英文全名为Commodity Channel Index，是由美国股市分析家唐纳德·R.兰伯特于20世纪80年代所创，其应用要则和技巧也是围绕乖离率、背离和穿越等形式来判断行情大的走势，是一种中短线交易指标。

所谓"超买"，就是市场中的行情走势已经超出买方的能力，没有更多的人愿意做买家了，当市场中的多方人数超过了一定比例时，就会有一部分人因为获利而卖出已有仓位，这时候市场就会因为这些获利盘的卖出而出现下跌。所谓"超卖"，就是市场中的行情走势已经超出卖方的能力，已经没有更多的人愿意做卖家了，当市场中的空方人数超过了一定比例时，就会有一部分人因为感到市场走势有利可图而买入看多的仓位，这时候市场就会因为这些买家的出现而上涨。当然，这支是在一般常态行情中的理论说法，现实中很多时候行情都会

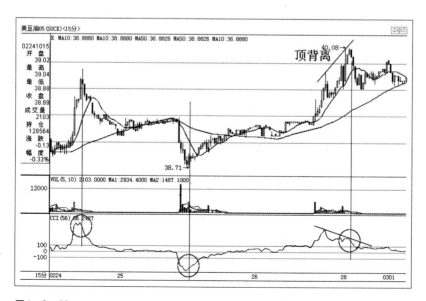

图4—2—32

超乎寻常地强势，此时CCI指标的超买超卖特性就会失去方向感，市场就会出现脱序行为，特别是那些在短期内暴涨暴跌的非常态行情。

但在这里，如果我们依然采用以往的CCI指标使用方法来讲述，那很可能会让你花了冤枉钱来买这本书，因为很多指标的大致使用方法很多投机者都知道，更何况这本书也不是写给一些初入投机市场的新手的，所以在本节中，我们就来介绍一种胜算较高的CCI指标的信号模式。

首先，你要做的是把你行情走势图中的MA主图指标的参数设置为10和50，然后再把CCI指标的参数设置为56，这样就形成了本节所讲述的CCI指标信号模式了。我们来看一下修改参数之后CCI指标的效果如何。如图4—2—32中所示。

从上面的图示中，我们可以看到，当CCI指标上升到100以上的超买区拐头向下的时候，行情均出现了不同程度的下跌；当CCI指标下跌到−100以下的超卖区拐头向上的时候，行情均出现了不同程度的上涨，当行情出现顶背离的时候行情也出现了一定的下跌走势。

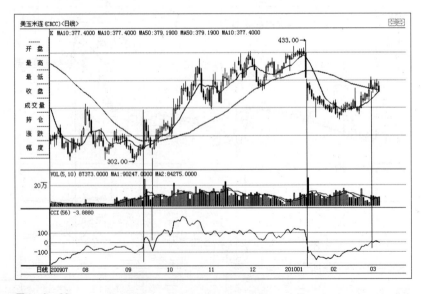

图4—2—33

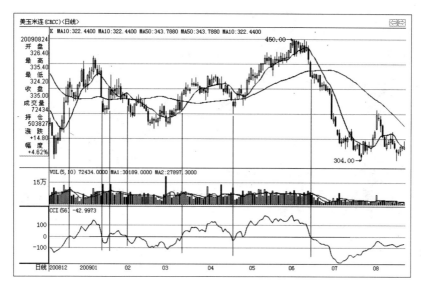

图4—2—34

不要以为这就行了，后面还有更重要的东西要你掌握。我们先来看一下经过参数调整之后的CCI指标与参数为10和50的MA平均线指标相互结合起来之后会出现什么现象。如图4—2—33和图4—2—34中所示。其中图4—2—33是美玉米连（CRCC）2009年7月至2010年3月的日线行情走势图；图4—2—34是美玉米连（CRCC）2008年12月至2009年8月的日线行情走势图。

从上面的两幅图示中，我们可以看到，每当价格向上穿越50MA平均线的时候，CCI指标就会同时上穿0中线，每当价格向下穿越50MA平均线的时候，CCI指标就会同时下穿0中线。这就给我们判断趋势的走向有了一个很好的作用，我们怎么做呢？

我们要通过CCI指标的超买超卖特性，来确定一波行情的顶部超买区，然后再根据CCI指标的这一穿越特性结合MA平均线的趋势特性来进一步判断行情趋势的走向。我们先来看一下图4—2—35中所示。

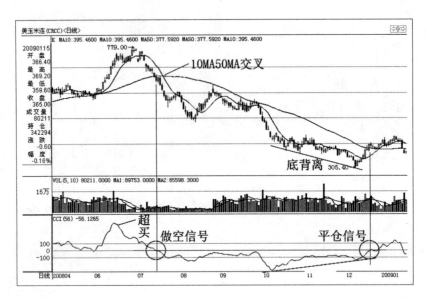

图4—2—35

图4—2—35是美玉米连（CRCC）2008年4月至2009年1月的日线行情走势图。

从上面的图示中我们可以看到，美玉米连（CRCC）自2008年6月创出779.00高点，但从下面副图中的CCI指标中，我们可以看到，此时CCI指标出现了明显的超买现象，随后行情便开始不断下跌，并直接击穿了50MA平均线。此时我们看到，其下方副图中的CCI指标也同时下穿了0中线，形成一个胜算较高的做空信号，看空后市的投机者在此时可以建立少量仓位。

接下来不久，我们又看到10MA平均线也下穿了50MA平均线，进一步确定了下跌趋势的走向，投机者可以在此时加码操作。之后行情便开始一路下泻，一直没有上穿0中线，直到2008年10月至12月，CCI指标与价格的走势形成底背离之后，才开始随着行情上穿50MA平均线而同步上穿0中线，完成了一波中长期的下跌走势。所以投机者在做空信号处建仓以后，在此期间都属于做空者持有仓位的时候。

图4—2—36是美豆油05（SOCK）2008年5月至2009年2月的日线行情走势图。

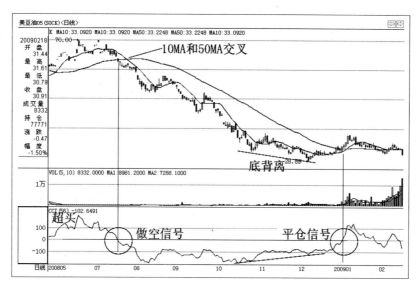

图4—2—36

从上面的图示中我们可以看到，美豆油05（SOCK）自2008年6月创出70.00高点，但从下面副图中的CCI指标中，我们可以看到，此时CCI指标出现了明显的超买现象，随后行情便开始不断下跌，并直接击穿了50MA平均线。此时我们看到，其下方副图中的CCI指标也同时下穿了0中线，形成一个胜算较高的做空信号，看空后市的投机者在此时可以建立少量仓位。

接下来，我们又看到10MA平均线也下穿了50MA平均线，进一步确定了下跌趋势的走向，投机者可以在此时加码操作。之后行情便开始一路下泻，一直没有上穿0中线，直到2008年10月至12月，CCI指标与行情的走势形成明显的底背离之后，才开始随着行情上穿50MA平均线而同步上穿0中线，完成了一波中长期的下跌走势。此时投机者在做空信号处建仓以后，在此期间的所有时期都属于做空者持有仓位的时候。

图4—2—37是美豆油05（SOCK）2009年9月至2010年2月的日线行情走势图。

图4—2—37

从上面的图示中，我们可以看到，美豆油05（SOCK）自
2009年11月创出42.81的高点，但从下面副图中的CCI指标中，
我们可以看到，此时CCI指标出现了明显的超买现象，随后行
情便开始不断下跌，并直接击穿了50MA平均线，后来虽然再次
上涨，并创出新高，但此时其下方副图中的CCI指标却并没有
再创新高，CCI指标和行情价格的走势形成了顶背离的形态，
意味着行情随时有可能反转。

接下来，我们看到行情再一次跌穿了50MA平均线，CCI指
标也同时下穿了0中线，形成一个胜算较高的做空信号，看空后
市的投机者在此时可以建立少量仓位。不久，我们看到10MA平
均线也下穿了50MA平均线，进一步的确定了下跌趋势的走向。
之后，行情便开始一路下跌，出现了一轮快速的跌势。

上面我们讲述的都是一些做空市场的信号模式，接下来，
我们再来看一下做多市场的信号模式。如图4—2—38中美玉米
连（CRCC）2006年6月至2007年3月的日线行情走势图。

从图示中，我们可以看到，美玉米连（CRCC）自2006年
8月创出216.00的低点，但从下面副图中的CCI指标中，我们可

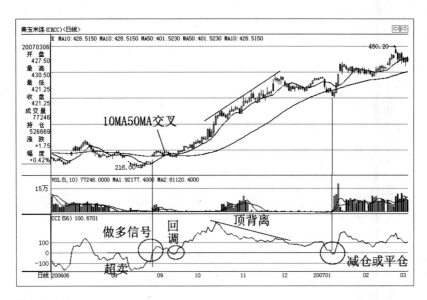

图4—2—38

以看到，此时CCI指标出现了明显的超卖现象，随后行情便开始止跌反升，并直接击穿了50MA平均线，CCI指标也同时上穿了0中线，属于一个少量买进的信号。虽然行情在50MA平均线上方出现一波回调，但很快又回到50MA平均线上方，并且不久10MA平均线也向上交叉50MA平均线，形成一个胜算较高的看多信号。此时就是看多后市的投机者加码买入的时机。

随着行情的不断攀升，CCI指标和行情价格的走势慢慢形成了顶背离的形态，意味着行情随时有可能反转。接下来，我们看到行情出现了一波小幅度的回调，并一度跌穿了50MA平均线，CCI指标也同时下穿了0中线，形成一个胜算较高的做空信号。但是在这里我要说明的一点是，虽然图中我们看到的行情再次上升了，但在实际交易当中我们不会看到后市的行情走向，我们现在说的都只不过是一种马后炮的话，所以当你遇到这样的信号出现时，应该遵循信号的模式减仓或出局。你要知道，你不可能等到行情处于最高点时卖出，这是不靠谱的。而且因为期货市场的持仓时间相对较短，所以出局往往都是在一个较短的周期内，并且很多时候都是一次性的，不能像股票出

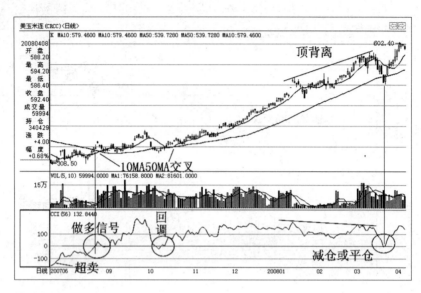

图4—2—39

局那样可以悠闲地用一个星期或一个月、几个月的时间，期货
市场中的出局必须干净利索，不能对后市抱有任何幻想，企图
将一根火柴燃烧完毕时再甩掉，那样你会受伤的。

图4—2—39的走势和图4—2—38是类似的走势。图4—
2—39是美玉米连（CRCC）2007年6月至2008年4月的日线行
情走势图。

从上面的图示中我们可以看到，美玉米连（CRCC）自
2007年6月创出308.50的低点，但从下面副图中的CCI指标中，
我们可以看到，此时CCI指标出现了明显的超卖现象，随后行
情便开始止跌反升，并直接击穿了50MA平均线，CCI指标也同
时上穿了0中线，并且随后10MA平均线就与50MA平均线形成
了向上交叉，属于一个少量买进的信号。虽然行情也在50MA平
均线上方出现一波快速的回调行情，但很快又回到50MA平均线
上方，并且不久10MA平均线再次向上交叉50MA平均线，形成
另一个胜算较高的看多信号，确定了趋势的走向。此时，就是
看多后市的投机者另一次建仓的时机，如果你在先前因为看不
准行情的走向平掉了自己的多头仓位，此时就是你另一次建立

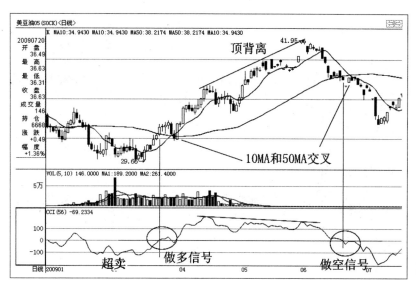

图4—2—40

多头仓位的机会。

　　随着行情的不断攀升，CCI指标和行情价格的走势慢慢地形成了顶背离的形态，意味着行情随时有可能反转。接下来，我们看到行情出现了一波小幅度的回调走势，并一度跌穿了50MA平均线，CCI指标也同时下穿了0中线，形成一个胜算较高的做空信号。此时就是持有多头仓位的投机者降低仓位和择机出局的时机了。

　　图4—2—40是美豆油05（SOCK）2009年1月至2009年7月的日线行情走势图。

　　从上面的图示中我们可以看到，美豆油05（SOCK）自2009年3月创出29.66的低点。从下面副图中的CCI指标中，我们可以看到，此时CCI指标出现了明显的超卖现象，随后行情便开始止跌反升，并直接击穿了50MA平均线，CCI指标也同时上穿了0中线，形成了一个初始买入信号。随着行情的上涨，10MA平均线不久便与50MA平均线形成了向上交叉，进一步确认了趋势的走向，属于一个再次建立多头仓位的买入信号。

　　随着行情的不断攀升，CCI指标和行情价格的走势慢慢地

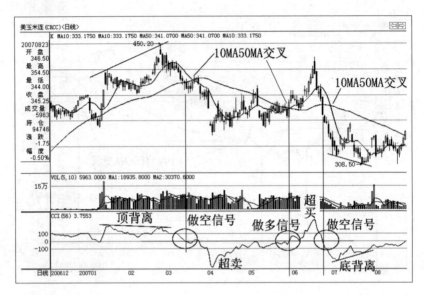

图4—2—41

形成了顶背离的形态，意味着行情随时有可能反转。接下来，我们就看到行情出现了一波快速的跌势，并跌穿了50MA平均线，CCI指标也同时下穿了0中线，形成一个做空市场的信号。此时就是持有多头仓位的投机者降低仓位和择机出局的时机了。

图4—2—41是美玉米连（CRCC）2006年12月至2007年8月的日线行情走势图。

从上面的图示中我们可以看到，美玉米连（CRCC）自2007年1月创出450.20的高点。从下面副图中的CCI指标中，我们可以看到，此时CCI指标出现了明显的超卖现象，并与行情价格的走势形成了顶背离的形态，随后行情便开始快速下跌，并直接击穿了50MA平均线，CCI指标也同时上穿了0中线，形成了一个初始买入信号。随着行情的下跌，10MA平均线也与50MA平均线形成了向下的交叉，进一步确认了趋势的走向，属于一个空头减仓的卖出信号。

当行情运行到2007年4月左右，CCI指标已经显示出明显的超卖形态，行情走势不久反转向上，形成了一波强劲的反弹。

2007年5月，价格上穿50MA平均线的时候，10MA平均线也同时上穿了50MA平均线，随后行情经过了一波小幅的回调，便快速上涨，但没过多久，就在2007年6月末，行情便出现了一波快速下滑的走势，并直接跌破了50MA平均线，形成了一轮多转空的行情走势，此时如果投机者不能够手脚麻利地平掉多头仓位转向建立空头仓位就会遭受严重的亏损。

通过上面的讲述和图示，我们来做一个总结，当CCI指标出现超买信号的时候，或CCI指标与行情走势形成顶背离的时候，则说明行情随时有可能出现反转下跌的走势，如果行情出现转势之后，下穿50MA平均线时，伴随着CCI指标也同时下穿0中线，这就是一个空头市场初始建仓的信号，如果随后10MA平均线也开始与50MA平均线形成向下交叉的时候，便是进一步确认了本轮下跌趋势的走向，属于空头二次建仓的信号，投机者可以在此时再一次建立空头仓位。相反，当CCI指标出现超卖信号的时候，或CCI指标与行情走势形成底背离的时候，则说明行情随时有可能出现反转上升的走势，如果行情出现转势之后，上穿50MA平均线时，伴随着CCI指标也同时上穿0中线，这就是一个多头市场初始建仓的信号，如果随后10MA平均线也开始与50MA平均线形成向上交叉的时候，便是进一步确认了本轮上涨趋势的走向，属于多头二次建仓的信号，投机者可以在此时再一次建立多头仓位。

◎ BOLL布林带指标多空买卖法则

BOLL指标是美国股市分析家约翰·布林根据统计学中的标准差原理设计出来的一种非常简单实用的技术分析指标。约翰·布林认为，股价的运动总是围绕某一价值中枢（如均线、成本线等）在一定的范围内变动，布林线指标正是在此基础上，引进了"股价信道"的概念，也就是标准差通道，因为股价的标准差通道会因为股价的变化出现变异性，它会随着股价的变化而自动调整信道的范围。当股价处于波动性很小的盘整时，股价信道就会收缩变窄，预示着股价的波动处于暂时的平静期，行情随时有可能出现新的突破，并且股价信道收缩得越窄，变化就越急促，幅度就越大。当股价的波动幅度超出狭窄的股价信道的上轨时，预示着股价将异常迅猛地向上波动；当股价波动超出狭窄的股价信道的下轨时，则预示着股价将异常迅猛地向下波动。

总之，BOLL指标中的股价信道对投机者判断未来行情的走势起着非常重要的参考作用。正是由于BOLL指标的直观性和趋势性，BOLL指标渐渐成为期货投机者广为应用的市场热门指标。

但为了能够让BOLL指标更好地适用于期货市场，我们依然会将BOLL指标进行一番改良，提升BOLL指标的趋势性。因为我们利用的是BOLL指标的趋势特性来更好地把握中长期的趋势，而不是去做短线。

为了能够适应较大的趋势，我们首先要将原先行情系统中的BOLL指标的参数进行重新的设置，将指标中的2改为1，将20（26）改为250或120、60，这样我们就可以扑捉到一些更大的趋势，总之，我们要尽可能地把握大趋势，所以我喜欢用250这个参数，因为这个参数在60分钟图上和30分钟、15分钟图上的效果都非常不错。

我们先来看一下修改完参数之后的BOLL指标，如图4—2—42中所示的趋势走向。

从上面的图示中，我们可以看到，修改参数之后的BOLL指标对趋势的展示。当价格走势在BOLL指标的中轨和上轨之间运行的时候，行情走势处于牛市上涨趋势中；当价格走势在BOLL指标的中轨和下轨之间运行的时候，行情走势处于熊市下跌趋势。

当然，仅仅这样还不行，如果我们需要一个更加精确的多空头买卖信号，我们就必须采用另一种方式来提升对交易机会的把握和胜算。这个方法就是我们要在BOLL指标中增加一条

图4—2—42

30MA平均线，利用BOLL指标的中轨250MA平均线和两条上下轨道来确定趋势，而用30MA平均线在BOLL指标的收口处上穿250中轨来作为提示买卖的多空信号，就是一个不错的方法。

修改后的BOLL指标源码如下：

MID1＝MA(CLOSE,250)

UPPER＝MID1＋1×STD(CLOSE,250)

LOWER＝MID1－1×STD(CLOSE,250)

MID2：MA(CLOSE,30)

（注：如果你想采用120MA平均线或60MA平均线作为本套BOLL指标的中轨，只需要把式中的250修改为你所需要的参数即可；如果你想采用其他的MA平均线结合中轨来选择交易时机，则需要将式中的30修改为你所需要的参数。）

动态翻译如下：

输出MID1：收盘价的250日简单移动平均

输出UPPER＝MID1＋1×收盘价的250日估算标准差

输出LOWER＝MID1－1×收盘价的250日估算标准差

MID2赋值：收盘价的30日简单移动平均

图4—2—43

在上面我们了解了BOLL指标的源码和改进情况，接下来，我们来看一下修改后的指标应用情况如何。如图4—2—43中所示。

图4—2—43是标普连续（SPCC）2010年2月1日至2010年3月5日的60分钟走势图。

从上面的图示中我们可以看到，标普连续（SPCC）在上穿250的中轨不久，30MA平均线也上穿了250MA平均线，形成一个非常稳定的做多信号。

当然，在现实当中不会就这么简单，我们还会运用其他的一些方法来提高自己的胜算，比方上面我们所提到的不创新高、不创新低等要则，在这里又有了新的用途。

我们先来看一下图4—2—44中道琼连续（DJII）2010年1月14日至2010年2月17日的60分钟走势图。

从图示中我们可以看到，道琼连续（DJII）自2010年1月16日左右的高点10680下跌之后，不久就跌破了BOLL指标收口处的中轨和下轨，但很快又反弹回去，在30MA平均线与250中轨下方的交叉处再次下跌，并形成一个明显且稳定的做空信号，

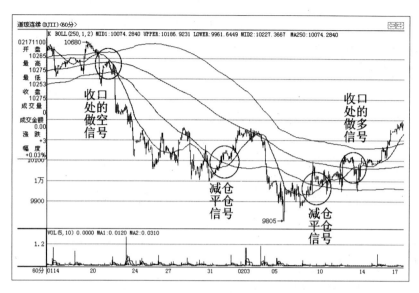

图4—2—44

此时就属于看空后市的投机者建立初始空单的时候。随后行情出现了一轮快速的下跌走势，并且30MA平均线随着价格的走低也下穿了BOLL指标的下轨，形成另一个胜算较高的做空信号，就属于看空后市的投机者再次加码的有利时机，投机者可在这个时候适当加码。

接下来我们看到，行情经过多日的下跌之后，开始止跌反弹，30MA平均线和行情的走势都上穿了BOLL指标的下轨，形成一个看多信号，我在此处标明为"减仓平仓信号"，这意味着如果你是一位非常谨慎的投机者，在此时你可以全部平仓，如果你的经验充足且又具备较强的心里抵抗能力，你也可以在此信号发出时进行减仓，以等待以后更加明确的平仓信号，以便进一步放大自己的利润。

之后我们看到，行情再一次跌下BOLL指标的下轨，直到创下9805的低点才再次反转，并形成另一个"减仓平仓信号"，此时投机者既可以平仓，也可以减仓。但投机者要注意的是后面的"收口处的做多信号"，这个信号就是告诉你当BOLL指标出现这种信号的时候就属于空头投机者绝对平仓的信号，也就是说，这是本次做空交易的最后防线，一旦行情的走势促使BOLL指标出现这种信号，就必须要抛弃其他的所有策略，完全出局就是所有的策略。因为接下来，行情有可能会很快进入多头市场，如果你的空头仓位没有及时平掉，并转为多头仓位，你将有可能陷入大幅亏损的境地，所以我在这里将这一信号标示为"收口处的做多信号"。

下面的这种交易方法，就是我们再一次结合不创新高和不创新低的趋势线画线原理，来提高BOLL指标交易胜算的一种信号模式。如图4—2—45中所示。

图4—2—45是纳指连续（NQCO）2008年4月至2009年10月的日线行情走势图。

从图示中我们可以看到，纳指连续（NQCO）自2008年6月左右的高点2061.75下跌之后，很快就跌破了BOLL指标收口处的中轨，但很快又反弹回去了，在触到BOLL指标的上轨之后，行情再一次滞涨反跌，行情无法再一次创出新高，不久我们看到30MA平均线也在BOLL指标的中轨处下穿，并与250中轨向下交叉，形成一个"收口处的做空信号"，看空后市的投机者

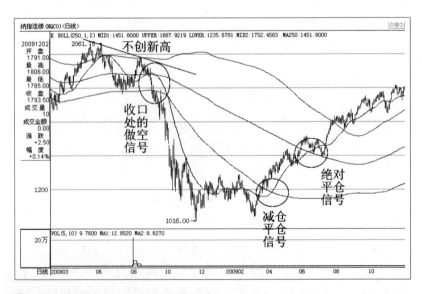

图4—2—45

应在此时建立初始空头仓位。

随后，行情持续下跌，并且30MA平均线与BOLL指标的下轨也出现了向下的交叉，形成另一个胜算较高的做空信号，就属于看空后市的投机者再次加码的有利时机，投机者可在这个时候适当加码。

接下来我们看到，行情经过多日的下跌之后，开始止跌反弹，30MA平均线和行情的走势都上穿了BOLL指标的下轨，形成一个看多信号，我在此处标明为"减仓平仓信号"，此时就是持有空头仓位的投机者平仓或减仓的时机，当行情继续向上攀升，30MA平均线向上击穿250中轨线，形成"绝对平仓信号"的时候，就属于持有空头仓位的投机者最后的平仓时机。

图4—2—46是标普连续（SPCC）2007年12月至2009年9月的日线行情走势图。

从图示中我们可以看到，标普连续（SPCC）自2007年12月左右的高点1593.98下跌，并跌破了BOLL指标收口处的中轨和下轨，但很快又反弹回去了，在触到BOLL指标的上轨之后，行情受到BOLL的上轨压制，再一次滞涨反跌，行情无法再一次

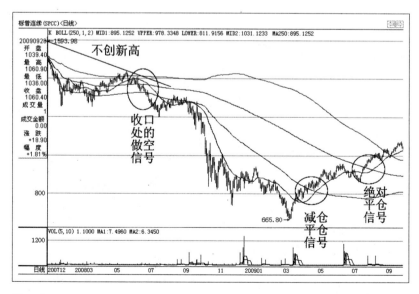

图4—2—46

创出新高，不久我们看到30MA平均线也在BOLL指标的中轨处与250中轨向下交叉，形成一个"收口处的做空信号"，看空后市的投机者此时应建立初始空头仓位。

随后行情持续下跌，并且30MA平均线与BOLL指标的下轨也出现了向下的交叉，形成另一个做空信号，再一次确定了趋势的走向，此时就属于看空后市的投机者再次加码的有利时机，投机者可在这个时候适当加码。

接下来我们看到，行情经过多日的下跌之后，开始止跌反弹，30MA平均线和行情的走势开始上穿BOLL指标的下轨，形成一个减仓平仓信号，此时就是持有空头仓位的投机者平仓或减仓的时机。当行情继续向上攀升，30MA平均线向上击穿250中轨线形成"绝对平仓信号"的时候，就属于持有空头仓位的投机者最后的平仓时机。

图4—2—47是标普连续（SPCC）2010年1月7日至2010年2月16日的60分钟行情走势图。

从图示中，我们可以看到，标普连续（SPCC）自2010年7月10日左右的高点1147.90下跌以来，经过了三次振荡，但行

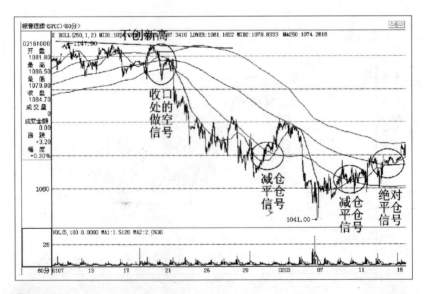

图4—2—47

情都没跌破BOLL指标收口处的中轨和下轨，虽然经历了两次阶段性的反弹，但都无法再一次创出新高，不久我们看到30MA平均线随着行情的下跌，在BOLL指标的中轨处与250中轨向下交叉，形成一个"收口处的做空信号"，看空后市的投机者此时应建立初始空头仓位。

随后，行情持续下跌，并且30MA平均线与BOLL指标的下轨也出现了向下的交叉，再一次出现做空信号，第二次确定了趋势的走向，此时就属于看空后市的投机者酌情加码的有利时机，投机者可在这个时候适当加码。

接下来，我们看到，行情经过多日的下跌之后，开始止跌反弹，30MA平均线和行情的走势开始上穿BOLL指标的下轨，形成先后两个减仓平仓信号，此时就是持有空头仓位的投机者平仓或减仓的时机。当行情继续向上攀升，30MA平均线向上击穿250中轨线，形成"绝对平仓信号"的时候，就属于持有空头仓位的投机者最后的平仓时机。

上面都是一些看空后市的信号模式，下面，我们再来看一个看多后市的信号模式。如图图4—2—48中所示。

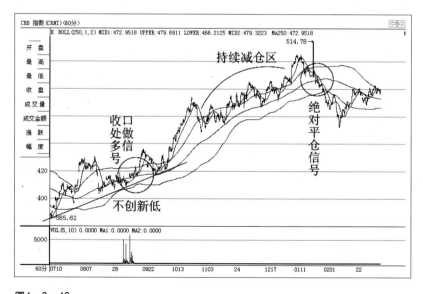

图4—2—48

　　图4—2—48是CRB指数（CRNI）2007年7月10日至2008年2月22日的60分钟行情走势图。

　　从上面的图示中，我们可以看到，CRB指数（CRNI）自2007年7月10左右的低点385.62开始快速振荡向上，并穿越了BOLL指标的中轨和上轨，但行情并没有直接上涨，而是出现了一波幅度较大的回调走势，但却并没有跌穿下轨，无法创出新低，不久我们看到30MA平均线随着行情的再次企稳又一次与BOLL指标的250中轨向上交叉，形成一个"收口处的做多信号"，看多后市的投机者此时应建立初始多头仓位。

　　随后，我们看到行情上涨了不久，就再一次返回轨道以内，并且30MA平均线与BOLL指标的上轨也出现了向下的交叉，出现做空信号，此时投机者可以选择减仓或平仓，都是正确的，这要看你的风险承受能力了，但如果30MA平均线随着行情的再次企稳又一次与BOLL指标的上轨向上交叉，确定了行情趋势的走向时，就属于前期止损出局的投机者再次建仓的时机，也是坚定持有的投机者酌情加码的有利时机。

　　接下来我们看到，行情经过多日的上涨之后，开始滞涨振荡，30MA平均线和行情的走势再一次下穿BOLL指标的上轨，形一个减仓平仓信号，此时就是持有多头仓位的投机者平仓或减仓的时机。

　　图中我们还可以看到，CRB指数（CRNI）的行情走势并没有立刻下跌，而是出现不断振荡着继续向上攀升，但我们明显可以看到，其上升的角度已远不如先前那波行情上涨的角度稳健有力，此时都属于持有多头仓位的投机者减仓或出局的时机，当30MA平均线向下击穿250中轨线，形成"绝对平仓信号"的时候，就属于持有空头仓位的投机者最后的平仓时机。

　　从上面的讲述与图示中，我们可以进行一个总结，那就是当BOLL指标在高位形成收口形态或在收口处行情走势不再创出新高时，若30MA平均线向下穿越250中轨线的时候就属于一个胜算较高的做空信号，如果随着行情的持续下跌，30MA平均线下穿BOLL指标的下轨时，说明行情的下跌趋势再一次被确认，是一个空头加码的信号。相反，当BOLL指标在低位形成收口形态，或在收口处行情走势不再创出新低时，若30MA平均线向上穿越250中轨线的时候，就属于一个胜算较高的做多信号，如果随着行情的持续上涨，30MA平均线上穿BOLL指标的上轨时，就说明行情的上涨趋势再一次被确认，是一个多头加码的信号。

◎ **WR威廉指标多空买卖法则**

WR指标，又称为威廉指标，表示当天的收盘价在过去一段日子的全部价格范围内所处的相对位置，其式中WR1一般是6天买卖强弱指标；WR2一般是10天买卖强弱指标。是一种兼具超买、超卖和强弱分界的指标。它主要的作用在于辅助其他指标确认买卖信号。WR指标有两种版本形式，一种是以80高位为超买区，以20低位为超卖区的WR指标。另一种则是以80高位为超卖区，以20低位为超买区的WR指标，也就是本文中所应用的WR指标。如图4—2—49中所示。

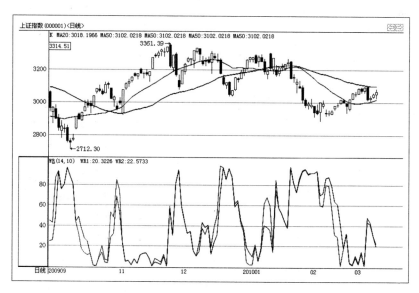

图4—2—49

其大致使用规则是：当WR在20～80区间时，表明市场上多空暂时取得平衡，股票价格处于横盘整理之中，已有仓位的投机者可以考虑继续持有，没有仓位的投机者则应耐心等待明确的信号出现。

在具体实用中，当WR曲线向下突破20超卖刻度线时，则意味着行情走势已进入超卖区运行，属于行情随时有可能反转向上的征兆；如果WR曲线反转向上突破20刻度线时，属于行情止跌反升的信号，投机者应注意建立多头仓位。相反，当WR曲线向上突破80超买刻度线时，则意味着行情走势已进入超买区运行，属于行情随时有可能反转向下的征兆，如果WR曲线反转向下突破80刻度线时，属于行情滞涨反跌的信号，投机者应注意建立空头仓位。

除了超买、超卖信号之外，与其他指标一样，WR指标与行情走势之间也具有背离的特性。

当行情K线图上的股票走势一峰比一峰低，不断向下创出新低，而WR指标图上的WR曲线的走势是在高位一顶比一顶底，就属于底背离现象。底背离现象一般是行情走势将从低位反转的信号，表明价格（指数）短期内随时有可能出现上涨，是比较强烈的多头买入信号。相反，当行情K线图上的价格（指数）走势一顶比一顶高，行情在向不断上涨，并屡次创出新高，而WR指标图上的WR曲线的走势却是在低位一底比一底高，这叫顶背离现象。顶背离现象一般是行情将从高位反转的信号，表明价格（指数）短期内随时有可能出现下跌，是比较强烈的空头信号。

但这本书并不是一本普通的指标教科书，如果你只想学一些普通的指标应用方式，你完全可以去买一本专门讲述指标基本应用方法的书。在本节中，我们依然为投机者讲述一种信号稳定、效果可靠的WR指标信号模式——多次撞顶（底）的信号模式。首先你需要做的是依赖一条长期MA平均线作为长期涨跌趋势的分界线，然后依赖这条均线的指引，顺势操作。本节我

图4—2—50

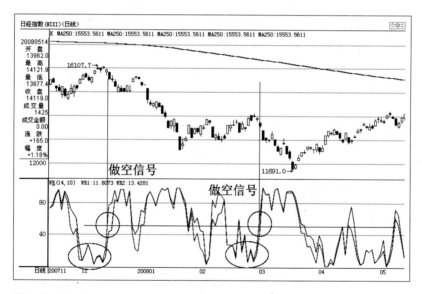

图4—2—51

们所采用的是250MA平均线作为长期涨跌趋势的分水岭。

我们先来看一下在本系统中WR指标的应用情况，如图4—2—50和图4—2—51中所示。其中图4—2—50是日经指数（NIXI）2007年7月至2008年1月的日线行情走势图。图4—

2—51是日经指数（NIXI）2007年11月至2008年5月的日线行情走势图。

从上面的图示中我们可以看到，当行情的运行在长期平均线的下方出现回撤走势，WR指标在20的超买区出现连续的多次撞底现象时，如行情走势不再创出阶段性新高，而是随着行情的滞涨，WR指标向上穿越50中线的时候，就属于行情有可能持续下跌的征兆，也是看空后市的投机者建立空头仓位的最佳时机，没有建立起计划中的仓位投机者可以在此时加码建立空头仓位。

图4—2—52是日经指数（NIXI）2009年7月至2010年3月的日线行情走势图。

从上面的图示中我们可以看到，当行情的运行在长期平均线的上方出现回撤走势，WR指标在80的超卖区出现连续的多次撞顶现象时，如行情走势不再创出阶段性新低，而是随着行情的止跌，WR指标向下穿越50中线的时候，则说明行情有可能持续上涨，是看多后市的投机者建立多头仓位的最佳时机，没有建立起计划中的仓位的投机者也可以在此时加码建

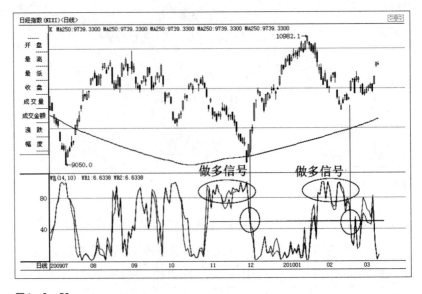

图4—2—52

立多头仓位。

综合上面的讲解和图示，我们可以得出这样一个结论，当行情在长期MA平均线的下方运行时，若WR指标出现多次撞顶的现象，并随后下穿50中线，就属于多头投机者建立初始仓位的时机。相反，当行情在长期MA平均线的上方运行时，若WR指标出现多次撞底的现象，并随后上穿50中线，就属于空头投机者建立初始仓位的时机。

◎ **ROCMA指标多空买卖法则**

在上面我们简述了ROCMA指标，并知道了ROCMA指标是ROC指标的改良版。这样我们就知道了ROCMA指标的应用方法基本与ROC指标类似。当然你也可以重新修改ROCMA指标的参数，一直到达到你所希望的最佳标准。有条件的投机者可以采用软件测试法来确认ROCMA指标的参数。别忘了，你需要根据不同的品种、指数和行情确定不同的超买超卖标准，在ROC指标和ROCMA指标的使用中你无法用某一个既定的标准来符合左右变化的行情。

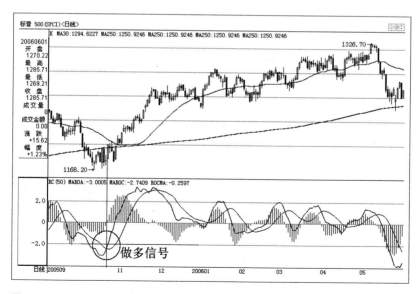

图4—2—53

　　按照顺势交易的要则，我们知道了ROCMA指标的最佳信号依然是当行情运行于长期MA平均线以上的看多信号和行情运行于长期MA平均线下方的看空信号。

　　我们先来看一下图示，如上页图4—2—53中所示。

　　图4—2—53是标普500（SPCI）2005年9月至2006年5月的日线行情走势图。

　　从上面的图示中我们可看到，该图中的超买超卖标准是正负2，所以当行情从250MA平均线上方回调至250MA平均线处，当行情止跌企稳并再次反升的时候，ROCMA指标在低位的超卖区向上交叉呈现出做多信号的时候，就属于看多后市的投机者建立初始多头仓位的最佳时机。当行情的走势返回到250MA平均线的上方时，就属于一个加码建仓的信号，投机者可以在此时适当加码，以持续自己的盈利。

　　请记住，当机会被再次确认之后，适当加码则是投机者必须掌握的一种交易技能，虽然这需要更多的勇气，但如果你想赢得多输得少，你就必须要掌握这种技能，因为只有你掌握了正确壮大有利仓位的技巧，你才能够尽可能

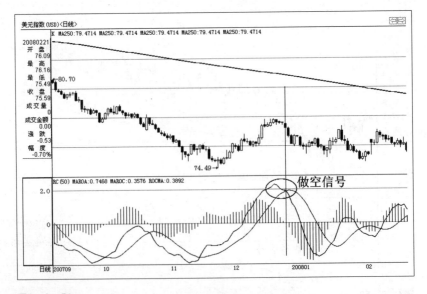

图4—2—54

多地放大利润。

图4—2—54是美元指数（USD）2007年9月至2008年2月的日线行情走势图。

从上面的图示中我们可以看到，该图中的超买超卖标准是正负2，所以当行情从250MA平均线下方反弹到一定的位置时，行情滞涨反跌，ROCMA指标在高位的超买区向下交叉呈现出做空信号的时候，就属于看空后市的投机者建立初始仓位的最佳时机。当ROCMA指标下穿0轴线时，就属于一个加码建仓的看空信号，投机者可以在此时适当加码以壮大自己的有利仓位。

上面是ROCMA指标的超买超卖信号模式，接下来我们再来讲述一下ROCMA指标的0轴线穿越信号模式。

图4—2—55是标普500（SPCI）2008年2月至2008年11月的日线行情走势图。

从上面的图示中我们可以看到，当标普500（SPCI）的行情走势在250MA平均线的下方，反弹到250MA平均线附近的时候，行情滞涨反跌，此时若ROCMA指标的短期线向下击穿

图4—2—55

0轴线，就属于看空后市的投机者少量建立初始仓位的最佳时机。若随着行情的走低，价格K线也开始下穿30MA平均线，且ROCMA指标的长期线也下穿0线，再一次确认了行情的走势时，就属于看空后市的投机者再次加码的时机，未建立起计划中的仓位的投机者可以在此时加码建仓。

图4—2—56是标普500（SPCI）2007年9月至2008年5月的日线行情走势图。

从图示中我们可以看到，当标普500（SPCI）的行情从1576.09高位下跌以来，一直处于振荡下跌的走势之中，并一度击穿了250MA平均线。虽然此后出现过一波短期的反弹，但并没有创出新高，并且此时我们还看到30MA平均线下穿了250MA平均线，ROCMA指标也出现超买。之后，我们看到行情反弹到250MA平均线附近的时候，滞涨反跌，此时ROCMA指标的短期线向下击穿0轴线，出现一个做空信号，属于看空后市的投机者少量建立初始仓位的最佳时机。但从图中我们看到，行情又一次出现了反弹，并且上穿了250MA平均线。遇到这样的情况，投机者可以减仓也可以止损。当随着行情的走

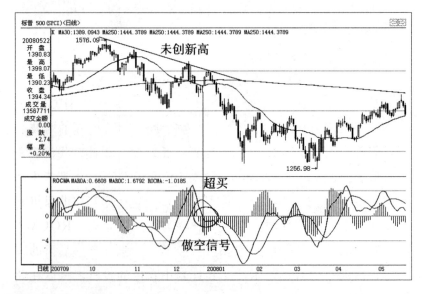

图4—2—56

低，价格K线再次下穿250MA平均线和30MA平均线的时候，止损出局的空头投机者可以再次追进，当ROCMA指标的长期线也下穿0线，再一次确认了行情的走势时就属于看空后市的投机者再次加码的时机，未建立起计划中仓位的投机者可以在此时加码建仓。

图4—2—57是标普500（SPCI）2007年2月至2007年10月的日线行情走势图。

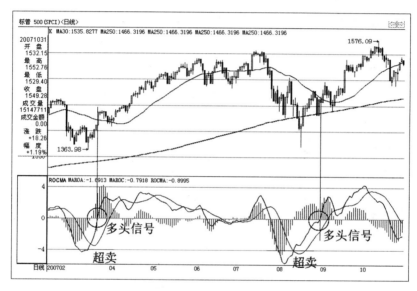

图4—2—57

从上面的图示中，我们可以看到，当标普500（SPCI）的行情走势在250MA平均线的上方运行时，行情出现了两波回调，但都回调到250MA平均线附近，止跌反升。此时我们看到当行情走势上穿30MA平均线的时候ROCMA指标的短期线也同时向上击穿0轴线，形成多头信号，此时就是看多后市的投机者建立初始仓位的最佳时机。之后，随着行情的走高，ROCMA指标的长期线也上穿0线，形成了二次确认，属于看多后市的投机者再次加码的时机，未建立起计划中仓位的投机者可以在此时加码建仓。

当然，采用ROCMA指标也可以在行情走势过度乖离的时候用于反弹交易，其要则是：当行情过度下跌，远离250MA平均线，形成明显的超卖形态时，就属于短线投机者做多的一个反弹信号。如图4—2—58中所示。

图4—2—58是美元指数（USD）2006年3月至2007年2月的日线行情走势图。

图4—2—58

从上面的图示中我们可以看到，当美元指数（USD）的行情走势在250MA平均线的下方运行时，行情两次出现超卖，都呈现出快速下跌的走势，并且ROCMA指标也进入超卖区域，形成明显的做多信号。此时如果行情不再创出新低，ROCMA指标的短期线上穿0线时就属于一个胜算较高的建立多头仓位的信号，看多后市的投机者可以在此时建立初始仓位，待ROCMA指标的长期线也上穿0轴线，形成了二次确认时，就属于看多后市的投机者再次加码的时机，未建立起计划中的仓位的投机者可以在此时加码建仓。

通过上面的讲述和图示，我们可以做一个总结，即

ROCMA指标在超卖区向上穿越0轴线，且伴随着行情走势上穿30MA平均线，则属于一个看多后市的投机者建立初始仓位的信号，当ROCMA的长期线也向上击穿0轴线的时候，就属于看多后市的投机者加码的最佳时机。反之，ROCMA指标在超买区向下穿越0轴线，且伴随着行情走势下穿30MA平均线，则属于一个看空后市的投机者建立初始仓位的信号，当ROCMA的长期线也向下击穿0轴线的时候，就属于看空后市的投机者加码的最佳时机。

第三节　经典且有效的图形多空买卖信号

Section3

◎ 趋势线多空买卖法则

　　行情走势的趋势一共分为三种，一种是上涨趋势，一种是下跌趋势，还有一种就是无趋势的振荡或横盘形态。

　　在一波行情价格走势中，如果其包含的波峰和波谷都相应地高于前一个波峰和波谷，行情呈现逐波走高的趋势，我们就称其为上涨趋势；相反，如果其包含的波峰和波谷都低于前一个波峰和波谷，行情呈现逐波走低的趋势，我们就称其为下跌趋势；如果后面的波峰与波谷都基本与前面的波峰和波谷持平的话，那么我们就称其为振荡趋势，或者横盘趋势、无趋势。

　　根据趋势的定义，我们就可以依据这三种趋势的走向，画出不同的趋势线来分析判断行情接下来的走势情况。对于上涨趋势，我们可以通过连接其趋势中的两个低点或三个低点，使得大部分低点尽可能处于同一条直线上，以确定上涨趋势的形成；而对于下降趋势，我们可以通过连接其趋势中的两个顶点或三个顶点，使得大部分顶点尽可能处于同一条直线上，以确定下跌趋势的形成；对于横盘趋势，我们可以将其两个以上的顶点和底点分别以直线连接，形成振荡区间。这样当价格运动突破了相应的趋势线后，我们就可以认为，趋势可能出现反转，我们就可以根据趋势突破的方向，来确定趋势未来能够持续发展的走势。

在采用趋势线交易的时候，我依然喜欢将其与某一系统的指标相互结合，以确定最佳的交易时机。试想一下，很多行情走势都不会标标准准地按照趋势线的反转而产生上涨或下跌行情，很多时候，行情都会波动一段时间，然后才会确定突破的方向。然而，在期货市场中，投机者最大的敌人就是不确定的波动，所以为了降低这种波动对投机者的伤害，我们必须要采用一种信号模式米辅助趋势线的使用，以便获得最高的交易胜算。如图4—3—1中所示。

图4—3—1是上证指数（000001）2007年6月至2007年12月的日线行情走势图。

从上面的图示中，我们可以看到当上证指数（000001）从

图4—3—1

3563.54的低点开始向上快速攀升之后，曾经形成几波小幅度的
回调走势，形成了一条趋势线，当行情跌穿趋势线时，我们看
到行情出现了一波小幅度的下跌。如果你是一位短期投机者的
话，你完全可以在此时择机做空，但如果你是一名不折不扣的
长期趋势交易者，那么你就应该等到行情发出明显的做空信号
时，再开始按部就班地做空。

　　如图中所示，应该等到行情走势跌破50MA平均线时建立
做空市场的初始仓位，在20MA平均线（也可以是10MA）下穿
50MA平均线再次确认了趋势的形成时，加码做空。

　　图4—3—2是恒生指数（SHI）2008年12月17日至2009年1
月18日的60分钟行情走势图。

　　上面这幅图的信号就非常明显了，我们可以看到当恒生指
数（SHI）从20938的低点开始向上快速攀升之后，形成了一
条趋势线，当行情跌穿趋势线时，我们看到行情出现了一波快
速的下跌，形成一个干净利索的做空信号。如果你是一位趋势
交易者的话，你完全可以在此时积极做空。如图中所示，此时
行情走势不但跌破了50MA平均线，并且20MA平均线也下穿

图4—3—2

图4—3—3

50MA平均线，同时确认了趋势的形成，属于胜算较高的做空信号。

　　然而，像图4—3—3中上证指数（000001）2009年9月至2010年3月的日线行情走势图中的行情走势就稍微有些复杂了。

　　从上面的图示中，我们可以看到当上证指数（000001）从2712.30的低点开始向上快速攀升之后，曾经形成三波小幅度的回调走势，形成了一条趋势线。当行情跌穿趋势线时，我们看到，行情出现了快速的下跌。还是那句话，如果你是一位短期投机者的话，你完全可以在此时积极做空。但如果你是一名不折不扣的长期趋势交易者，那么你就应该等到行情发出明显的做空信号时，再开始按部就班地做空。

　　如图中所示，行情走势在跌破50MA平均线之后，不久就出现了快速的反弹，指数再次回升到50MA平均线之上，这时候正常的策略就是必须止损平仓。随后行情围绕50MA平均线大幅振荡，并且20MA平均线下穿50MA平均线之后，又一次反弹回来。所以，如果你过快过多地建仓，就有可能再次止损出局。

因为接下来，我们看到行情在没有创出新高的情况下，再一次跌穿50MA平均线和20MA平均线收出一根大阴线，再次形成做空信号，此时看空后市的投机者就必须要再次做空。

投机者应记住，在现实交易中，类似于此的进进出出的情况是经常碰到的。所以你必须要有足够的勇气和信心，准备在多次挫败之后依然还能够信心满满地再次杀入。你要知道市场中的很多交易信号，都不是像我们上面的那些信号一样标准，诸如此类的情况你会经常碰到，这就是一连串的错误的诱因！如果你在遇到这样的情况时，失去了再次进入的勇气，或一旦遇到行情反转就呆若木鸡，你可能永远都学不会如何把握机会。

记住，标准的机会就像是一支死兔子，你可能会毫不费力地抓住它；但你不可能通过去捡一些死兔子而学会捕捉兔子的技术，那些并不规则的机会出现时，就像是一支只活蹦乱跳的活兔子，要想以此为生，你就必须要学会如何抓住活兔子。可能你会不断地让机会跑掉，但你必须坚持不懈。

图4—3—4是上证指数（000001）2009年7月至2009年12月的日线行情走势图。

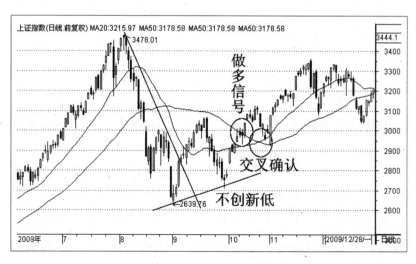

图4—3—4

从上面的图示中，我们可以看到当上证指数（000001）从3478.01的高点开始向下快速滑落，并出现过一波小幅度的反弹走势，形成了一条趋势线。当行情向上击穿趋势线时，我们看到行情出现了一波小幅度的上涨。如果你是一位短期投机者的话，你完全可以在此时择机做多，但如果你是一名不折不扣的长期趋势交易者，那么你就应该等到行情发出明显的做多信号时，再开始按部就班地做多。

如图中所示，当行情上穿50MA平均线的时候，才是我们建立初始多头仓位的时机，待到行情不再创出新低，20MA平均线向上交叉50MA平均线的时候，再次确认趋势的成立时再开始加码操作。

综合上面的讲述和图示，我们总结一下就是：当行情突破趋势线之后，耐心等待指标系统出现建仓信号时再开始建仓，将会让你的交易更具胜算。

◎ 三角旗形多空买卖法则

三角旗形整理就像一面挂在旗杆顶上的旗帜，这种形态通常都会出现在一轮幅度较大的行情走势的阶段性修正过程中，但有时候这种形态也会出现在一波行情的顶部和底部，所以追溯三角旗形具体存在的位置，对投机者来说并没有多大意义。因为旗形的本身就属于阶段性的调整和修正，任何行情只要出现调整和修正都预示着行情有可能会出现新的突破。

但是如果三角旗形出现在一波不断上涨的大趋势中，根据顺势调整的原理，我们可以预期三角旗形向上突破的概率较大；相反，如果三角旗形出现在一波不断下跌的大趋势中，根据顺势调整的原理，我们可以预期三角旗形向下突破的概率较大；然而投机市场中向来就没有任何一种分析方法是确定的，或成为最后的结论和定义，数一数行情历史中走势图中的三角旗形，它出现在顶部、中部和底部的概率几乎一样大。所以投机者在遇到三角旗形的时候，要根据旗形最终出现的突破信号来决定后市的走向，而不是想当然地认为某一三角旗形就必须向上突破或是向下突破，或者它不应该出现在哪里。

接下来，我们就来讲述一下三角旗形的交易要则。如图4—3—5中所示。

图4—3—5

图4—3—6

图4—3—7

图4—3—5是纳斯达克（NQCI）2009年9月至2010年3月的日线行情走势图。

从上面的图示中，我们可以看到纳斯达克（NQCI）的行情在2009年9月至2010年1月左右经过一番整理之后，便于2010年1月下旬向上跳空突破，形成一个做多信号。此时就属于短期交易者及时做多的信号。

图4—3—6是纳斯达克（NQCI）2007年11月至2008年5月的日线行情走势图。

从图示中，我们可以看到纳斯达克（NQCI）的行情自2007年高点2734.82点下跌以来于2008年1月至2008年2月左右经过一番整理之后，便于2008年2月下旬向下跳空突破，形成一个短期做空信号。此时就属于短期交易者及时做空的信号。

图4—3—7是美元指数（USD）2009年5月至2009年10月的日线行情走势图。

从上面的图示中，我们可以看到美元指数（USD）的行情自2009年5月左右的高点83.21点下跌以来，于2009年5月至2009年7月左右和2009年8月至2009年9月左右分别形成两波整理行情，便分别于2009年7月中旬和2009年9月上旬向下突破，形成两个短期做空信号。此时就属于短期交易者及时做空的信号。

上面我们讲述的是几个行情中途的三角旗形突破信号。接下来，我们再来讲述一种处于行情底部的三角旗形做多信号。如图4—3—8和图4—3—9中所示。其中图4—3—8是美元指数（USD）2008年1月至2008年7月的日线行情走势图。图4—3—9是美玉米连（CRCC）2008年10月至2009年3月的日线行情走势图。我们先来看图4—3—8中的美元指数（USD）的走势形态。

从图示中我们可以看到，美元指数（USD）的行情自2008年1月的高点77.04点下跌以来，于2008年3月创下70.68的低点之后就开始止跌反弹，随后便反转向下，形成了一波为期一个多月的振荡整理的三角旗形下跌走势，但并没有创出新低就反转向上，并突破了三角旗形的上压线，形成一个短期做多信号。此时就属于短期交易者及时做多的信号。

图4—3—9与此类似。我们来看图示。

图4—3—8

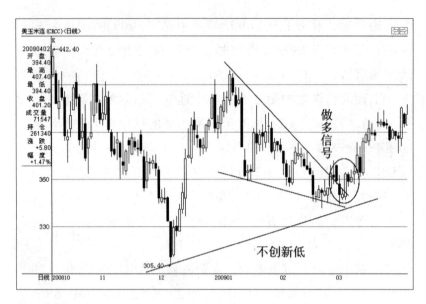

图4—3—9

　　从上面的图示中我们可以看到，美玉米连（CRCC）的行情自高点下跌以来，于2008年12月创下305.40的低点之后就开始止跌反弹，经过约一个月的上涨，行情便反转向下，形成了一波将近两个月的振荡整理的三角旗形下跌走势，也没有创出新低就反转向上，并突破了三角旗形的上压线，形成一个短期做多信号。此时就属于短期交易者及时做多的信号。

　　通过上面的讲述和图示，我们做一个总结，无论行情是处于上涨阶段还是下跌阶段，当行情经过一段时间的整理之后，形成三角旗形形态时，往往意味着行情有可能出现新的突破，一旦行情突破，就属于投机者建立短期仓位的最佳时机。

◎　跳空缺口多空买卖法则

　　跳空缺口是指行情的开盘价高于或低于昨天的最低价，使行情K线图中今天与昨天的行情走势之间出现空档的形态。比方昨天收盘点位1010点，最低点1000点，但今天开盘1020点，并且全天始终在1020点上方运行，这就是一个完整的10点向上的跳空缺口；相反昨天收盘点位1010点，最低点1000点，但今天开盘980点，并且全天始终在980点下方运行，这就是一个完整20点向下的跳空缺口；从技术分析的角度来看，跳空缺口一般是一种比较明显的趋势信号，特别是在突破某一重要价格关口的时候，跳空缺口的突破往往意义重大。如果此时行情向上跳

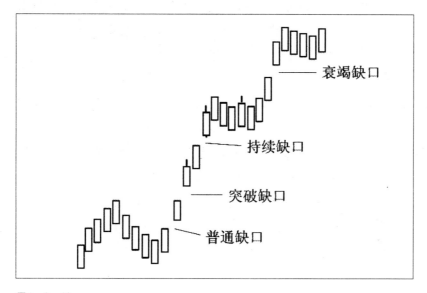

图4—3—10

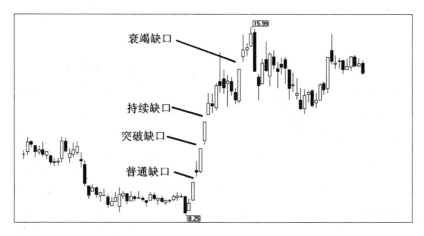

图4—3—11

空突破，则预示行情持续上涨的概率增大；相反，若行情出现向下跳空突破，则预示行情下跌的概率增大。在实际交易中，我们所遇到的跳空缺口一般可分为四种类型：即普通缺口、突破缺口、持续缺口和衰竭缺口。如图4—3—10和图4—3—11中所示。

1.普通缺口

普通缺口经常出现在波动范围不大的整理形态中，既没有什么突破，也不呈现什么连续性，只是偶尔没有任何理由地随机跳跃，所以当行情暂时出现类似于此的跳空缺口时，一般都不足以导致行情当时的走势形态和趋势发生明显改变，如果行情出现这种缺口之后，行情不能够在第二天延续跳空方向的走势，这种缺口通常会在5个交易日内出现回补现象，所以这种类型的缺口通常都出现在密集的交易区域中，因此在许多较长周期的整理行情或转向形态的行情中，普通缺口对于技术分析人士来讲并无特别的分析意义，它只能帮助我们确认某种行情形态的形成而已，所以交易意义不大。如图4—3—12和图4—3—13中所示。

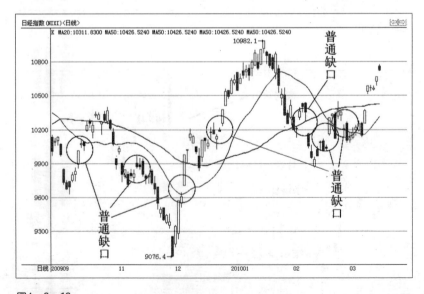

图4—3—12

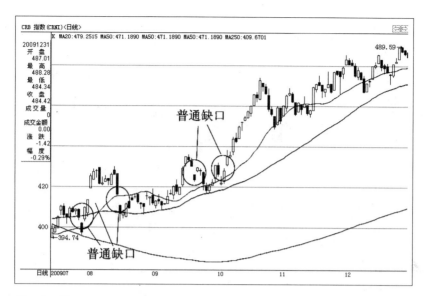

图4—3—13

2.突破缺口

突破缺口是指那些出现在行情打破某一盘局的初期，比方突破盘整、突破趋势线、上压线、支撑线等形态时出现的缺口。当突破缺口出现后，行情通常会迅速脱离原先的走势形

图4—3—14

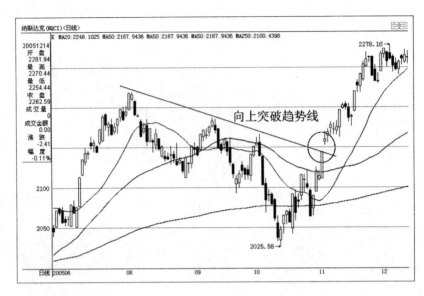

图4—3—15

态。一般情况下，突破缺口在3个交易日内，甚至在较长时间内没有回补则说明行情走势将会持续，所以突破缺口有明显的确定趋势方向的特征，当一个行情经过长时间的整理或某种形态走势完成后以一个很大的缺口跳空远离原先的形态区域时，这表示真正的突破已经形成了，趋势已渐趋明朗。因为突破缺口通常能够有效地显示突破能力的大小，突破缺口愈大，表示突破的力量越大，未来的变动强烈。所以，突破缺口的分析意义非常大，通常在重要的转向形态突破时出现属于投机者积极减仓的有利时机。如图4—3—14和图4—3—15中所示。

3.持续缺口

持续缺口地通常出现在行情加速的过程中，具有明显的趋势特征，当行情在上涨和下跌的过程中出现持续缺口，且在3日内或多日内没有回补，并创出新高，通常都意味着行情的后市走势将会持续强势，所以，此时如果行情在上升或下跌的前期已经出现过突破缺口，那么此时出现的缺口，就可以被认定为持续性缺口。换言之，持续缺口通常都是出现在突破缺口之后，或普通缺口之后。如果你看到行情在出现了第一个缺口之

图4—3—16

图4—3—17

后，出现了第二个缺口，并且这个缺口又没有突破什么，这依然还是一个普通缺口；如果这个缺口突破了整理区、趋势线、颈线等具有区域和趋势意义的区域时即可确定其为突破缺口；而当突破缺口之后出现的缺口就属于一个持续缺口，所以行情

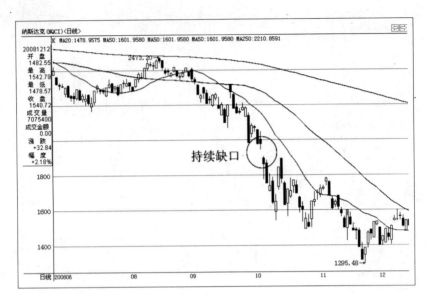

图4—3—18

出现持续缺口时，通常意味着当前行情走势延续的概率加大，属于持续持仓或少量加码的时机。如图4—3—16和图4—3—17中所示。

除此之外，行情在脱离开某一区域，已经处于不断上涨或下跌过程中，此时若受市场重要利空或利好消息刺激而出现的跳空也属于持续缺口，意味着行情既定的走势有可能持续延伸，属于坚定持有正确仓位的时机。如图4—3—18中所示。

4.衰竭缺口

当趋势行情即将接近尾声时，由于多空双方的力量已经消耗殆尽，因而会出现衰竭型缺口。但衰竭型缺口与上述的突破缺口和持续缺口不同，一般很快会在短时间内被回补，同时也常伴随原有市场趋势的结束或一个新的整理形态的开始。

与持续性缺口一样，衰竭缺口也是伴随着行情快速、大幅的波动而出现的。在急速的上升或下跌中，行情经过突破缺口或持续缺口之后，其波动有时会再次出现快速的跳空缺口，此时的跳空缺口通常会伴随着较大的均价乖离或长期的超买、超卖现象出现，所以衰竭缺口大多都会在恐慌性抛售或消耗性上

图4—3—19

图4—3—20

升的末段出现。因此衰竭缺口出现之后，行情往往会在不久就结束原先的走势，出现反转。所以衰竭缺口的出现，通常意味着行情翻转的概率增加。如图4—3—19至图4—3—21中所示。

通过上面的讲述，我们知道了，只有当行情出现突破缺口

图4—3—21

的时候，才是投机者建立仓位的最佳时机，而当行情出现持续缺口的时候，往往是投机者积极持有或少量加仓的时机，而当行情出现衰竭缺口的时候，则是投机者提高警惕，减仓或出局的信号，在这时候，投机者应该警惕不利信号。

第四节　成交量与未平仓量的意义和动能配合

Section4

在这一节中，我们来说一下期货市场中的成交量问题。在期货市场中，最重要的技术分析依据就是价格、成交量和未平仓量。未平仓量通常也被称之为持仓量、空盘量、未平仓合约量和持仓兴趣。

成交量是指一个时间单位内对某项交易成交的数量，每日成交量就是每日成交的数量。所以成交量往往是一天内的成交量的累计和。成交量放大时通常说明市场中的人气活跃，如果成交量放大且市场行情也出现上涨，这是趋势向好的征兆。成交量低迷时，通常意味着市场交投不活跃，如果处于行情下跌的走势中，通常意味着行情有可能持续低迷。

未平仓量，是指尚未对冲仍在市场上流通的某种商品的合约数量，未平仓量只计为对冲的买方合约量或卖方合约数量，而不是两者的总和。因而，只有新买家和新卖家成交后，多头未平仓位和空头未平仓位的合约量才会增加；如果买方是第一次成交，而卖方为对冲以前买进的合约，即卖出以前买的合约，未平仓合约量不变，反之亦然；如果买卖双方都是为对冲而成交，即为了平仓而进行的多空交易，则不计为未平仓位，反而未平仓合约数量还会减少，即对冲时平仓多少合约，就要在未平仓位中减去相应的合约数量；如果新开的仓位合约数与对冲平仓的合约数量相同时，未平仓合约数量不变。

所以，在期货或期权市场，未平仓合约是指市场结束一天交易时，未被"结束掉"的单边买或卖的合约数量，即买卖双方的合约均会被计入未平仓合约数量内。总之，只有那些未对冲敞口（平仓）的合约，才予以每天清算，这种未对冲的合约，就是"未平仓合约"或"未平仓量"。

在上面我们知道了价格、成交量和未平仓量是期货投机者研判行情的三个重要条件，那么这三个条件在现实交易中应该如何应用呢？

一般未平仓位、成交量与价格走势之间的关系，可以通过以下几种方式来判断。

（1）未平仓量增加，成交量也增加。表示市场中的投机者持有仓位的意愿在加强，投机市场人气旺盛，此时若处于价格上升阶段，属于趋势持续走强的征兆。

（2）未平仓量增加，但成交量减少。未平仓量增加表示坚定的投机者虽然在持续增多，但市场交投不活跃，市场有可能会出现不确定的走势，如果市场价格波动的幅度较大，则意味着后市随时有可能会出现反转行情，应注意危险信号。

（3）未平仓位减少，成交量增加。未平仓位的减少代表投机者保留仓位的意愿在降低，虽然成交量依然在增加，但很有可能是那些未平仓位的对冲平仓所造成的市场假象，如果此时行情的波幅较大，通常意味着后市行情走势出现不确定性。

（4）未平仓位和成交量同时减少。这种情况的出现充分说明了投机者持仓的信心在减弱，市场人气也不活跃。除了临近交割日的合约会出现这种情况之外，通常出现这种现象都是行情前景不明的征兆，趋势随时有可能反转。

（5）价格稳步上升，未平仓量和成交量也在增加。这说明新的买方正在不断地加入，市场人气也活跃，属于后市持续看好的征兆。

（6）价格稳步上升，未平仓位和成交量在减少。这说明，市场人气低迷，后市的持仓信心并不坚定，行情随时有可能停滞不前。

（7）价格稳步上升，成交量在增加，但未平仓量却在减少。这说明市场虽然交投活跃，但持仓信心却在削减，不断增多的成交量很有可能是原先的多头仓位大量平仓所致。

（8）价格稳步上升，成交量在减少，但未平仓量却在增多。这说明市场中的持仓信心有所增加，但市场人气开始低迷，这往往是一部分多头仓位的持有者平多翻空或多头补单（仓）所致。

（9）价格稳步上升，成交量在减少，未平仓量不变。这说明市场交易并不热络，持仓信心虽然没有什么变化，往往是一部分持有多头仓位的投机者对后市的走势的看法有所改变，在趁机平多翻空所致。

（10）价格稳步上升，成交量不变，但未平仓量却在减少。这往往是原先持有多单的投机者在趁着行情上涨平仓所致。

（11）价格持续下跌，未平仓量和成交量也在增加。这说明新的卖方正在不断地加入，市场抛空人气依然活跃，属于后市持续看空的征兆。然而，一旦跌势停止，行情很有可能快速反升形成V形底。

（12）价格持续下跌，未平仓位和成交量在减少。这说明后市的持仓信心并不坚定，空头持有者正在择机平仓，行情随时有可能停滞不前或步入调整阶段。

（13）价格持续下跌，成交量在增加，但未平仓量却在减少。这说明市场虽然交投活跃，但持仓信心却在削减，不断增多的成交量往往是原先的空头仓位大量平仓所致。

（14）价格持续下跌，成交量在减少，但未平仓量却在增多。这虽然说明持仓信心有所增加，但很有可能是一部分持续看空后市的投机者补单（仓）所致。

（15）价格持续下跌，成交量在减少，未平仓量不变。这说明持仓信心没有什么变化，但也很有可能是一部分持有空头仓位的投机者预计后市的走势有所改变，在趁机平空翻多或多头补单（仓）所致。

（16）价格持续下跌，成交量不变，但未平仓量却在减少。这往往是原先持有空单的投机者在趁着行情下跌平仓所致。

以上就是在普通情况下价格与成交量、未平仓量的一些分析方法。综合上面的讲述，我们来做一个扼要的总结。

（1）如果成交量和未平仓量在增长，这意味着当前的价格走势和趋势方向有可能持续发展。

（2）如果成交量和未平仓量在萎缩，这意味着当前的价格走势和趋势方向有可能发生转变。

（3）在上升趋势中，如果未平仓量出现了突然停止增长，甚至下跌，通常是趋势反升转变的信号。如果这种情况出现在市场的顶端，并且未平仓位又特别巨大，这就是一种非常危险的信号了，行情一旦反转，大量的多头持仓必定会转变成大量的多头平仓，加剧行情下跌的力量。

（4）在行情调整期间，如果未平仓量能够不断地增长，则往往会强化市场在原趋势下的突破。

（5）行情无论处于哪个阶段，只要未平仓量和成交量走势相反，都意味着当下的行情走势有可能出现新的变化。

通过上面的讲述我们知道了，将成交量与未平仓量综合起来，有利于验证行情形态的确定。当你发现成交量、未平仓量的变化与趋势的走向相一致的时候，则说明目前的价格走向仍将维持；如果你发现成交量、未平仓量的变化与趋势的走向相背离的时候，则说明目前的价格走向随时面临新的变化；如果你发现成交量、未平仓量的变化相反的时候，则说明目前的价格走向不容乐观，应随时留意行情接下来的变化。

第五章
Chapter5

设计资金管理模式——
合理分配资金，控制投资风险

第一节　如何确定初始仓位的持仓量

Section1

　　准确确定初始仓位的持仓量，不但可以削弱建仓的风险，还可以提升你盈利的胜算。不要误认为初始仓位的建仓就是当系统发出多头信号时，一股脑地建完全部的多头仓位；当系统发出空头信号时，一股脑地建完全部的空头仓位。如果你只是这样笼统地认为，或这样概念模糊地去做，如果你是日内短线交易还说得过去，如果你是一位长线交易者，且又资金较多，我就只能说你技艺不精。因为诸如此类的粗浅认识，你想不赔钱都很难。

　　那么，到底应该如何正确建立初始仓位呢？

　　首先，你要根据交易信号的质量来权衡、拿捏初始仓位和加码仓位的持仓量。比如，你用200万元来交易股指期货，按照你的资金量，最多只能持有6张期指合约，因为只有这样才安全。并且，这是在行情的走势最佳时才能够达到的标准，正常情况下，你的最高合约量只能是4张，即大多数情况下，你的合约量应该小于6张。如果按照金字塔加码法，你的建仓排序就是初始仓位3张合约，第一次加码的合约量是2张，第三次加码的合约量为1张，这样才是最安全的建仓方法。然而你试着回答这个问题：在建立初始仓位的时候，你认为无论什么质量的信号出现，你都应该建立3张合约吗？

　　如果你的答案是：不，要根据行情的走势情况和信号质地的好坏来确定不同的初始仓位。那你就是一个聪明的投机者，你一定会知道在下面的这两张图示中的A、B、C三个区域中，建立初始仓位的正确数量。如图5—1—1和5—1—2中所示。

　　通过图示我们可以看到，如果我们在A、B两处建立初始空头仓位，要比在C处更有利，因为A、B两处的信号距离止损点较近（我们以行情上穿20MA和50MA为止损标的）而C处则

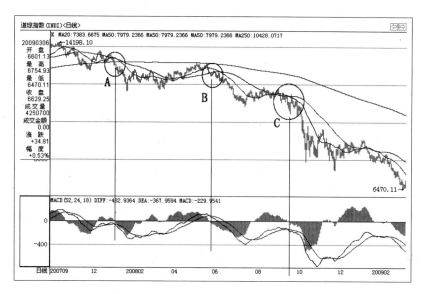

图5—1—1

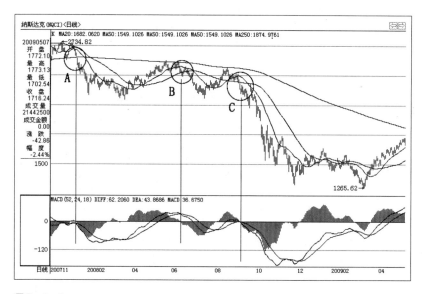

图5—1—2

距离止损点较远，所以，我们在A、B两处建立3张合约的初始仓位就相对合理、安全，因为止损的幅度较小，承担的风险较小，止损额度只有不到10%。然而，如果我们在C处建立三张合约的初始仓位，我们的止损额就会增加很多，达到3%～5%，因为C处距离止损区域太远，一旦信号失灵，我们的损失就会放大一倍，达到20%。这就有些不妙了。

　　所以，投机者在建立初始仓位的时候，应详细核算止损的幅度与总资金量的关系，如果止损的幅度较小，并且即使止损总亏损也只不过是总资金的2%以下，那么按照既定的仓位数量建立仓位就是安全的。但如果止损点的幅度太大，按照既定的仓位数量建起仓位来以后，一旦行情逆转损失就会大幅扩大，那在这样的信号发出时，建仓数量就要相对减少。比如上图所示，如果我们在A、B两处建仓趋势型初始仓位，其止损的幅度为7%（7万元），我们建立3张合约，一旦行情逆转，我们损失的资金是2.1%（21万元），而在C处建仓时，一旦行情逆转，止损的幅度为15%（15万），如果我们不根据信号的质地来重新评估建仓的数量，直接建立3张合约，一旦行情逆转，我们损失的资金就会达到4.5%（45万）。看到这有多可怕了吗？反之，如果我们降低一张合约，那么我们的损失就会随之降低到3万元，风险还是有些高；如果我们想要把握2%亏损法则，我们就必须再减少一张合约，此时我们的损失就会在1.5%（1.5万元），属于最安全的范畴之内，也符合2%亏损法则。

　　所以，如果你是一位长期趋势型投机者的话，你应该在期货交易中尽量少使用资金杠杆或不使用杠杆！你应该用赢来的钱加码（后面我们会专门讲述），而不是总让自己承担过头的风险。

　　正确的方法是，如果你用10万元来建立一个玉米的多头仓位，你必须要保证你所建立的仓位一旦损失不能超过总资金的2%，如果你通过计算从建仓点到止损点之间的距离得出损失的金额小于2%（2000元），那你建立的仓位数目就是正确的。相反，如果你通过计算从建仓点到止损点之间的距离得出损失的金额大于2%（2000元），那你建立的仓位数目就属于过多，你需要削减仓位。直到你通过计算之后，认为即便是行情翻转，止损出局时，你的亏损能小于2%为止。

记住，永远把握2%亏损法则，不要让你的建仓损失超过这个限度。要想尽一切办法保护你的本金，削减有可能出现的损失。不分青红皂白地按章执行，你就会被规则误伤，在执行规则时，不要一抓就死，一放就乱。该灵活的要灵活，该坚持的要坚持，只有这样你才能把握原则，机动灵活。

第二节　初始仓位建仓法

Section2

◎　周期型初始仓位建仓法

周期型建仓法的实际应用法，通常是一些长期头寸投机者所采用的一种建仓方法。其使用要则是，当行情在某一区域形成建仓信号时，如果出现价格走势较为怪异的情况时，比如系统发出交易信号时，因为当时行情走势的波动过大，或出现了幅度较大的回撤，就需要用周期建仓的方法，逐步建仓以缓解回撤压力。我们还是用一组图示来详细地讲述一下。

以图5—2—1和图5—2—2为例。其中图5—2—1是上证指数（000001）2009年1月至2009年7月的日线行情走势图。图5—2—2是上证指数（000001）2007年12月至2008年5月的日线行情走势图。

从两幅图示中，我们可以看到当上证指数20MA平均线上穿或下穿250MA平均线的时候，就属于一个长线做多或做空的好时机（我们以行情击破50MA平均线来作为止损标的）。这时我们就可以看到行情在发出信号的时候，价格已经远离均线了，并且不久都是处于暂时回撤的行情中的，如果我们不顾形势一味地按照固定的比例，在信号发出时一下子建立起初始仓

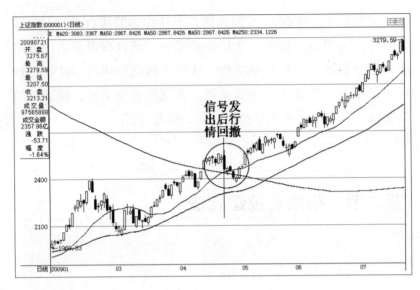

图5—2—1

图5—2—2

位，很显然我们会出现很大的浮亏。然而在交易中，浮亏过大会让人产生焦虑。所以最好的方法就是：当你确定好初始仓位的数量之后，可以把初始仓位分成两份或三份，并确定一个周期3天、5天逐步建立初始仓位。比方，如果行情在第二天没有创出新高或处于下跌中时，就属于我们确定建仓周期的时候，只要行情在你建立起第一笔初始仓位下方运行，我们就可以圈定一个时间段来建立其他的初始仓位，以确保自己的成本最低化、风险最小化。

所以，当你的系统发出交易信号时，如果行情的走势过大或出现明显的回撤，此时你就要考虑用周期建仓法顺着行情回撤的走势逐步建仓，以削减浮亏压力和风险成本。

◎ 区域型初始仓位建仓法

区域型建仓法与周期性建仓法大同小异，只不过一个使用时间来削弱浮亏压力和风险成本，而一个是用区域（幅度）来削弱浮亏压力和风险成本的。顾名思义，区域型建仓法就是圈定行情波动的某一价格范围，作为建立初始仓位的主要区域，也是一些长期头寸投机者所采用的一种建仓方法。其使用要则是，当行情在某一价格区域形成建仓信号时，如果出现价格走势较为怪异的情况，比如系统发出交易信号时，因为当时的行情走势的波动过大，或出现了幅度较大的回撤时，就需要

图5—2—3

图5—2—4

用区域建仓的方法逐步建仓以缓解回撤压力。以图5—2—3和图5—2—4为例。其中图5—2—3是日经指数（NIXI）2004年10月至2005年4月的日线行情走势图。图5—2—4是美元日元（USDJPY）2008年5月至2008年11月的日线行情走势图。

从上面的两幅图示中，我们可以看到，当上证指数20MA平均线上穿或下穿250MA平均线的时候，就属于一个长线做多或做空的好时机（我们以行情击破50MA平均线来作为止损标的）。这时我们就可以看到，行情在发出信号的时候，已经远离均线了，并且都是处于暂时回撤的行情中的，如果我们按照固定的比例在信号发出时一下子建立起初始仓位，会出现很大的浮亏。所以最好的方法就是，当你确定好初始仓位的数量之后，可以把初始仓位分成两份或三份，并从止损点到信号发出时的最高点之间画出一条区域线（通道），如图中的A线和B线区域，然后在这个区域中逐步建立初始仓位。只要行情没有创出新高，没有高过你第一笔的建仓成本或在这一区域内处于下跌中时，都属于我们建立初始仓位的最佳时机。

◎ 顺势型初始仓位建仓法

顺势初始仓位，通常都是投机者对后市并不是十分看好，并不打算建立过多的仓位，而采用的一种建仓方法，是一种十分谨慎的建仓策略。缺点是仓位低，优点是安全性高。其应用要则

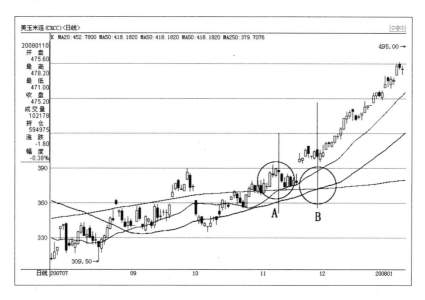

图5—2—5

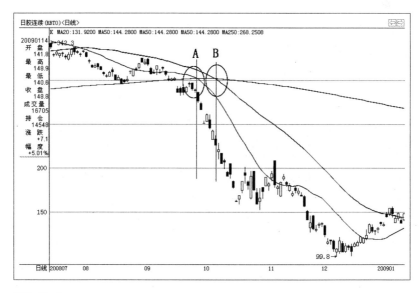

图5—2—6

是，当行情出现建仓信号时，投机者会根据行情的形势先确定好初始仓位的数量，然后将初始仓位分成两份，第一份在信号发出时建立，如果行情走势稳健，或经过一轮小幅回撤后能够再次创出新高或新低，持续原先趋势的走势，且再次发出确认信号时，就是建立第二份初始仓位的时机。如果行情走势依旧，并能够持续延伸，投机者就可以在盈利之后，重新决定是否加码。以图5—2—5和图5—2—6为例。其中图5—2—5是美玉米连（CRCC）2007年7月至2008年1月的日线行情走势图。图5—2—6是日胶连续（RBTO）2008年7月至2009年1月的日线行情走势图。

从上面的两幅图示中，我们可以看到当20MA平均线上穿或下穿250MA平均线的时候，就属于一个长线做多或做空的好时机（我们以行情击破50MA平均线来作为止损标的）。这时，我们就可以看到，行情在发出第一次信号的时候，价格走势并没有远离50MA平均线，此时就是我们建立第一部分仓位的时机，如图中A处所示。接下来，行情创出新高、新低之后持续维持原先的趋势，并且50MA也开始穿越250MA平均线，此时就是建立第二部分仓位的最佳时机。

现实交易中，当投机者建立初始仓位之后，都会根据行情的走势情况，重新决定是不是应该考虑加码。但即便是后市出现了加码的信号，大多数情况之下也不会加码太多，除非行情遇到某些意外因素或利空、利好等消息之后，行情出现了新的重要机会，才会考虑正常的加码策略。

最后一点请记住，要学会根据加码信号的质量来拿捏加码的数量，是保持正常的加码，还是削减一下加码的力度。就像你驾车一样，在同一个档位上，但未必是一样的油门，要学会根据行情的走势来确定加码的力量。书中所讲述的都是一些高度概括的"标准"，在实际应用当中，你必须要灵活运用。

第三节　如何正确壮大有利的仓位

Section3

　　如果你想在期货市场中获得大利，你就必须想尽一切办法做到赢大亏小，而这其中最重要的一点就是你必须要把握2%亏损法则（我们在下一章会详细讲述期货市场中的2%亏损法则）和不断壮大有利的仓位。我们在上面已经讲述过2%亏损法则，在这里我们就来讲述一下如何壮大有利的仓位。

　　经验不足的投机者容易犯一些比较低级的错误，他们在出现亏损时喜欢摊平损失，拉低成本，他们认为只有这样，一旦行情逆转，自己马上就可以凭着低价优势，反败为胜。然而我给你的建议是，在期货投机市场中千万别这么做。在亏损的仓位上加码买进，只能让你越陷越深，只要你出一次错误，你就彻底完蛋了。我见过好几位投机者在出现亏损之后不是及时止损，而是加码买进，结果栽了跟头。世界上没有哪个傻瓜因为栽了一亩品种不佳的果树歉收，就再栽一亩或两亩同样的果树企图采用这样的方法来扳回损失的。这是世界上最愚蠢的办法。因为这样只能让你错上加错，一不小心就会血本无归。那些在投机市场亏了大钱的人，除了没有及时止损之外，再就是在亏损的头寸上加码，而后者更甚。

　　正确的方法是：在出现亏损时，当亏损达到你所确定的标准时请及时止损，不要指望疾驰的列车还能够掉过头来。看一看下面的这些图示，你就会知道，如果你不能及时止损，并在亏损时摊低成本，你的结果会是个什么样子。如图5—3—1和图5—3—2中所示。其中图5—3—1是恒生指数（HSI）2008年1月至2009年6月的日线行情走势图。图5—3—2是恒生指数（HSI）2004年2月至2005年7月的日线行情走势图。

　　从两幅图示中我们可以看到，图5—3—1中的圆圈处是一个标准的做多信号，但我们却看到，行情并没有预期上

图5—3—1

图5—3—2

涨，而是大幅度地下跌步入熊市，此时如果投机者在建立了多头仓位以后，在行情击穿50MA平均线时没有及时止损出局，反而是继续加码企图探低成本，那么你的结果就是爆仓无疑了。

图5—3—3

图5—3—4

　　图5—3—2中的圆圈处是一个标准的做空信号，但我们却看
到，行情并没有预期下跌，而是扶摇直上进入牛市，此时如果
投机者在建立了空头仓位以后，在行情击穿50MA平均线时没
有及时止损出局，反而是继续加码，那么后果也是可想而知的

了。所以投机者谨记，不可在出现损失的仓位上加码，在亏损的仓位上加码等于自寻死路。

相反，如果我们在正确的仓位上加码，结果就完全不一样了。如图5—3—3和图5—3—4中所示。图5—3—3和图5—3—4依然是恒生指数（HSI）2008年1月至2009年6月的日线行情走势图和恒生指数（HSI）2004年2月至2005年7月的日线行情走势图。

从上面的图示中，我们可以看到，如果我们能够在行情逆转之时，及时停损出局，并根据新的信号建立相反的仓位，然后顺应行情的发展趋势加码，进一步壮大有力的仓位，到最后我们就会获取不菲的收益。

请记住，加码！无一例外是对正处于盈利的仓位加码！这是投机获利的唯一途径，要加生码，不加死码！如果某一仓位让你遭受了损失，那就止损出局，不要企图用卑劣的手法挽回损失，不要对亏损的仓位情有独钟。如果一个仓位正在朝着有利的方向发展，那就抛却恐惧和不安，择机加码，乘机壮大它，因为这是投机者获取大利的唯一途径。如果你在面临有利的形势时心怀恐惧，缩手缩脚，甚至在这个时候急于平仓，落袋为安，那你就永远赚不到大钱，永远也抓不到大机会。想一想，只要你抛却恐惧和焦虑，心平气和地在正确的仓位上试着加码，你就有可能摆脱资金无法增值的窘境，并有可能会抓住一波大行情，让你从此扬眉吐气，甚至有可能从这一刻开始改变你的交易现状。难道这还不够吗？要知道，很多赚到大钱的期货投机者，都是因为某一次的获利而让自己的交易生涯得到了质的改变。

换言之，在投机市场中，绝大多数成功的投机者都是依靠一两次关键性的胜利而实现了资本的质变，并从此放开了眼界，步入全新的阶段。而我们也正是为此而来的！所以如果你总是在机会面前缩手缩脚，无法下定决心在机会到来之时壮大有利的仓位，却偏偏对亏损的仓位情有独钟，那你永远也不可能抓住某一次重要机会实现资金的质变，淘汰出局就是你最终的宿命。

第四节　经典且经得起考验的加码法

Section4

◎　金字塔加码法

金字塔加码法，是所有明智的投机者最热衷的一种加码方法。具体的应用法则是，当行情出现第一个加码仓位的时候，投机者的加码数量应小于初始仓位的数量，比如你的初始仓位是10张期货合约，通过计算你发现设定50点的止损幅度（或5%～10%）.是最合适的，那么当行情上涨50点的时候，如果走势依然健康，你就要考虑加码，加码的数量就是8张或6张合

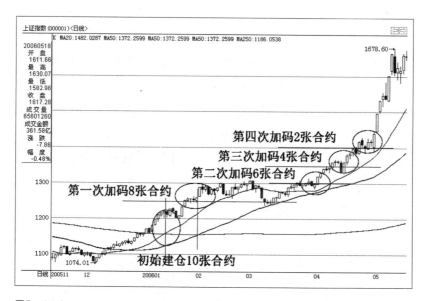

图5—4—1

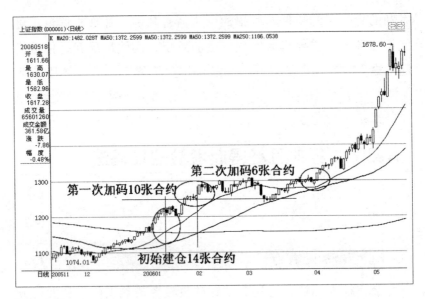

图5—4—2

约。确定加码数量的重要依据就是考量你的加码次数。比方，你打算建立一个30张合约的多头仓位，分5档建仓。那么你的加码排序就是初始仓位10张合约，行情上涨50点，第一次加码仓位为8张合约，止损点上移50点；行情再上涨50点，第二次加码仓位为6张合约，止损点上移50点；行情再上涨50点，第三次加码仓位为4张合约，止损点上移50点；行情再上涨50点，第四次加码仓位为2张合约，止损点再上移50点。如图5—4—1中上证指数（000001）2005年11月至2006年5月的日线行情走势图。

同理，如果你打算三次建完仓位，那你的建仓比例就是：初始仓位14张合约，第一次加码为10张合约，第二次为6张合约，止损点依然在每一次加码完毕后都上移50点。如图5—4—2中所示。图5—4—2依然是上证指数（000001）2005年11月至2006年5月的日线行情走势图。

从上面的两张图示中，我们可以很明显地看到，第二种加码方法的初始仓位和第一次加码要比第一种方法风险大一些。当然不要急，我们会在后面用平均仓位加码法来削减初始仓位过大这一弱势。现在我们继续解释金字塔加码法。金字塔加码法的优点是，如果行情走势良好，通过这种加码的方法持有仓位，越到后来你的风险越小，因为随着前面仓位的不断盈利和后面的仓位风险会越来越小，当你的仓位建完之后，你几乎没有什么风险了，即使行情下跌，你依然会因为前面的仓位已在盈利而不会出现亏损。如果你目前所面临的正是一波大行情，那么采用这样的方法会使你的盈利不断壮大。

但切记，如果你面临的行情走势过于陡峭，市场短期就有可能出现超买或超卖而导致行情回撤，这时候你就应该重新权衡加码的数量，或减少加码的数量，或静待行情出现回撤之后再重新考量加码的位置和数量。总之，在一波历时很长的大趋势中，不要突然增大加码的数目，采用递减的方式，将会使你的仓位风险越来越小，将有可能出现的亏损降到最低，就是投机者自我保护的重要一环。

◎ **平均仓位加码法**

在一些走势相对稳定的行情中，这是我最愿意使用的一种方法。我不但在股票市场中使用这种方法，也会在期货市场中使用这种方法。平均仓位加码法的具体应用方法是，仓位与上涨的比例、止损的比例一致，也就是说，当行情出现初始仓位信号时，我们的初始建仓比例是总资金的10%，止损的比例也是10%，而当行情趋势确立并上涨10%的时候，我们再加码10%，继续设定10%的止损幅度；行情再上涨10%，再加码10%，然后再设置10%的止损幅度……一直到行情结束。比方，我决定要在某一个头寸上建立10万元的看多仓位，我就会把资金分成5～10份，当行情趋势确立，形成第一个建仓点的时候，我就会先建立10%的仓位，即1万元，然后设定下10%的止损幅度，如果行情下跌了10%我就止损出局，我的损失只是总资金的1%（1000元），如果行情上涨了，我会在其上涨10%的时候，再加码10%的仓位（1万元），并设定10%的止损；如果此时行情下跌了，我的损失依然是10%（1000元），因为初始仓位的盈利相互抵消了。当行情再次上涨10%，我还会这样做，因为此时即使行情下跌，我也不会亏损了。因为此时第二个仓位的盈利会消失，而初始仓位已经盈利了，并且完全可以抵消第三次建仓的10%的亏损。所以当行情持续上涨，并再次上涨10%的时候，我依然会这样做，因为此时我已经开始盈利了。此时如果行情下跌，我的第四仓位亏损10%（1000元）我的第三仓位打平，第二仓位盈利10%，初始仓位盈利20%，用第二仓位10%的盈利抵消第四仓位的10%亏损，我的初始仓位还可以盈利20%（2000元）。所以在这个时候我已经没有风险了，并且还在盈利，如果此时行情持续上涨，我就会建立第五个10%的仓位。此时如果行情下跌了10%我全部平仓的话，我的收益情况就是第五仓位亏损10%（1000元），第四仓位打平，第三仓位盈利10%，第二仓位盈利20%，初始仓位盈利30%，总盈利为60%（6000元），去掉第五仓位的10%止损，我的总收益为50%（5000元）；如果行情再一次上涨，我再加码，出现下跌时，我的盈利情况就是：第六仓位亏损10%，第五仓位打平，第四仓位盈利10%，第三仓位盈利20%，第二仓位盈利30%，第一仓位盈利40%，综合一下

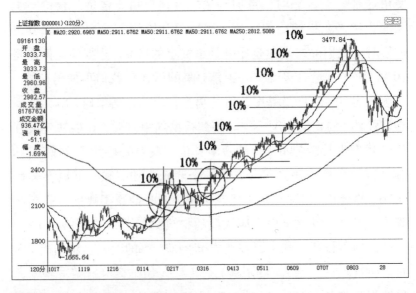

图5—4—3

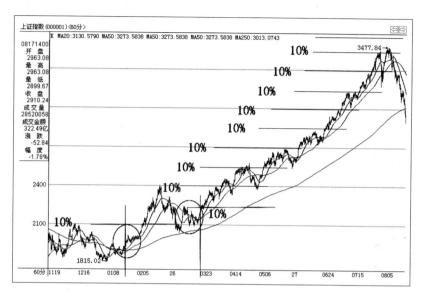

图5—4—4

我的收入为100%（1万元），去掉第六仓位10%（1000元）的亏损，我可以盈利90%（9000元），是总资金的9%……依此类推，如果一波行情上涨到100%的话，我就可以盈利45%左右。别忘了，我的风险是总资金的1%。如图5—4—3和图5—4—4中所示。

其中图5—4—3是上证指数（000001）2008年10月至2009年8月的120分钟行情走势图。图5—4—4则是上证指数（000001）2008年11月至2009年8月的60分钟行情走势图。

从上面的图示中我们可以看到，如果一波行情能够上涨30%，我就是没有风险的，如果一波行情能够上升50%，我就能获得3%的总收益，如果涨得更高，比方100%我就盈利更多。当然，如果你能够坚守2%亏损法则，采用行情每上涨10%，加注20%的资金的话一共加码5次，行情上涨一倍时你的盈利就会到50%以上。用2%的总亏损换取50%的总收益，这可是很多人梦寐以求的。所以投机者在投入之前，必须要学会用最小的损失去博取更大的收益，只有这样你才会真正做到赚大亏小。

◎ **行情突破加码法**

在建立好初始仓位以后，行情回撤了，但又没有触及止损点，这时候行情通常会在这一区域形成一个振荡整理的区间，然而此时正是那些有经验的投机者确定加码仓位的时候。其运用要则为，当行情整理（回撤）完毕之后突破本次回撤的前期高点时，就是一个顺势加码的时机。如图5—4—5和图5—4—6中所示。

其中图5—4—5是纳斯达克（NQCI）2009年3月至2009年11月的日线行情走势图。图5—4—6是标普500（SPCI）2008年6月至2009年2月的日线行情走势图。

从图示中我们可以看到，当投机者建立起初始仓位之后，行情出现回调，再次突破前期阶段性高点和低点的时候，就属于一个胜算较高的加码时机，而此时的加码止损点位就是行情再次返回突破区域。

当然，投机者在实际交易中，会碰到很多意想不到的问题，比方，当你采取了按比例加码的策略之后，刚加码没多

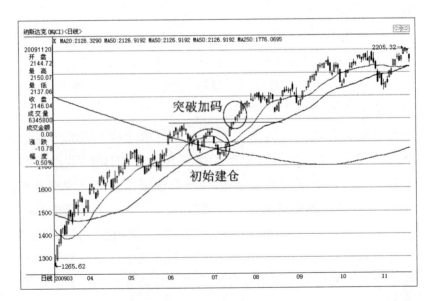

图5—4—5

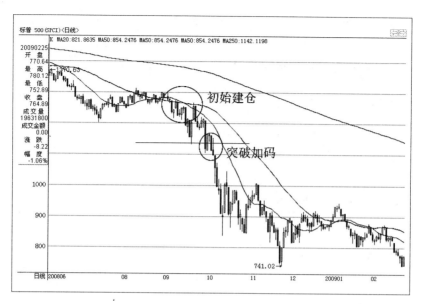

标普 500 (SPCI) 〈日线〉

初始建仓

突破加码

741.02

图5—4—6

久，行情就出现了回撤，这时候如果行情调整完毕出现突破的
时候是不是应该加码呢？这当然不能一概而论，因为你已经加
码了，如果此时你再加码就会增加风险，所以此时的加码只是
针对你还没有加码的情况下采取的方法。

　　总之在加码的时候，一定要逐步削减，不可越加越多，贪
婪的投机者通常在获得大利之时，加大注码，因为杠杆的作用
会使得他们的资金效用放大，他们很难看着那么多盈利放在账
户中不产生任何作用而无动于衷。

　　有经验的投机者知道，当行情正朝向你所预期的方向突
飞猛进的时候，贪婪也开始侵蚀你的心灵，你会责怪自己这么
好的机会当时为什么投入得这么少，在这个时候，你往往会冒
出继续投入的念头，以平息自己的悔恨之情，所以你会倾向于
加大投入的比例，而此时风险也正步步向你逼近，一旦失误则
前功尽弃。所以，人类的贪婪都是因为得到得过于容易而产生
的，并且得到得越多就越贪婪。所以，财富来得太容易，不但
会让人变得骄傲，还会让人就变得贪婪而不自知，无视风险。

这就是人类为什么总会因为贪婪而栽了跟头的原因了。

记住，投机中的第一法则就是安全，只有那些天生谨慎的人才能在此时抑制住贪婪的火焰。多培养你谨慎行事的能力，因为无知时的贪婪总会被天生的谨慎所控制，而这正是成功的投机者必备的作风。

第六章

控制你的交易风险——
及时控制损失，避免血刃自己

第一节 防止爆仓，不要等接到追加保证金的通知书时才迫不得已地出局，更不要用锁仓来将希望升级

Section1

请记住这一条戒律，在期货市场中，对待错误的仓位，必须心狠手辣！你对它抱有希望，它就会把你害了。

爆仓正是股指期货和商品期货投机者最不愿看到的噩梦，不要在接到追加保证金的通知书时才迫不得已出局。

如果你采用了过大的资金杠杆，在出现太大的亏损时你就会很难接受这种代价颇高的错误，你会倾向于拖延，并期望通过拖延来摆脱亏损的窘境。

然而，你有可能会一时得逞，或者连续多次拖延有效。但这却会给你的交易前途埋下巨大的隐患。这可不是一件值得提倡的事情。

因为如果你的"运气不佳"，一旦遇到突发行情，你的资金账户就有可能出现问题，过多的仓位会导致你的资金大幅缩水，并出现透支，这样期货交易所就会通知你要么增加你的保证金，要么将你的仓位强行平仓。如果到了这一步，就意味着你已经爆仓了。如果你将所有的积蓄都拿了出来，到了这种地步，你就一无所有了。

所以在期货市场中交易，及时止损，摆脱不利仓位对你的影响至关重要。

当然在投机市场中因为其双向交易的特性，很多投机者在遇到亏损的时候，喜欢建立相反方向的对等仓位以防止亏损的蔓延，他们的目的在于，一旦行情方向确认了，他们就会平掉错误的那个仓位。然而通过我的经历，我对这种方法的看法是，这简直就是多余，道理听起来很对，但实际上却毫无意义。因为现实是，当你确定了趋势好转时平掉相反仓位不久，

你就会发现行情紧接着又折了回来，你平掉的往往是正确的仓位，而留在手中的仓位却是错误的。看一看你的开仓正确率是多少？你的平仓正确率和解锁的成功率都与此相同，这是科学的计算方法。用你的平仓正确率乘以你的开仓正确率，然后再乘以你锁仓后的解锁正确率，你就会知道，这种方法弊远大于利。

我们来计算一下，看看你最后的正确率是多少。

假设你的开仓正确率和平仓正确率、解锁正确率都是70%。这已经很高了。我们将你的正确率相互乘一下看看：70% × 70% × 70%＝34.3%。看到了吗？这有多么可怕。你的正确率只有34.3%，别忘了，这可是你的最佳成绩，是在不犯其他错误的基础上得来的，然而现实当中你还会犯其他的很多错误。所以，如果你的开仓和平仓的正确率为70%，那么开仓和平仓的乘积就是49%，如果你能够严格地按照规则行事，及时停损和加码、止盈，且不犯大的错误，你还有较大的可能保持盈利状态，并通过复利规则或抓住一些偶然的机会，让自己的钱包鼓一鼓。可是如果你采用了锁仓的办法，在很多情况之下，你会左右挨巴掌，让你开了平，平了开，特别是在你遇到一波周期较长的振荡行情时，行情的走势会不断地突破—失败—突破—再失败，让你不断地错误解锁。反之，如果你能够在行情不确定的时候，及时停损出局，然后在新的趋势信号出现之时重新试探建仓，那么损失就可以降低一半。如图6—1—1至图6—1—4中所示。

从这些极端的行情走势中，我们可以知道，聪明的投机者就应该在错了的时候及时停损出局，企图通过锁仓的方法将损失固定住，然后再择机解锁扳回损失，甚至反败为胜的做法并不可取。因为我们需要了解投机者的人性和弱点，那就是如果你手中没有仓位的时候，当市场行情不明的时候，你通常会非常小心地建仓，你也会理智地少量建仓试探一下自己的建仓时机对不对。并且你也会将自己的警惕性提高到极至，以确保自

图6—1—1

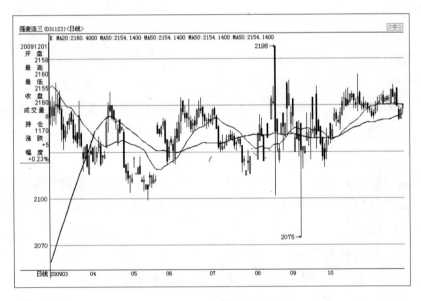

图6—1—2

己随时都能够准确应对有可能出现的麻烦，及时摆脱危境。并且你也有着足够的精神力量来支撑你自己这样做。

然而，如果你采用锁仓的方式来固定住损失，这时候，你

图6—1—3

图6—1—4

就要操两份心。比方你建立的空头仓位损失了2%，然后你用相对应的多头仓位来锁仓，这时候，行情上涨了，你的空头仓位损失在继续扩大，而你的多头仓位出现了盈利，此时出现了做多信号，按照计划你可以平掉空头仓位，然后持有多头仓位。可是这时候，你没有资金管理策略护航了。好，比方你采用先平掉一部分空头仓位，以达到资金管理的目的。然而，行情刚刚上涨了不久就折了回来，你是不是还要继续锁仓呢？如果行情滞涨反跌了，你是不是还有勇气，还能够心智清醒地再平多补空呢？更重要的是，如果此时正是某一个仓位的最佳平仓时机时，而你的手中却还有被锁的仓位，这样你手中的这个错误的仓位永远也不会了结，因为错过了最佳平仓时机，你就要继续锁仓。

所以我对你的忠告是：尽早摆脱不利仓位！如果你总是喜欢采用锁仓来将希望升级，行情不停地来来回回，几圈下来就会让你筋疲力尽，思虑混乱。到了那个时候，我想你就会知道锁仓不但会破坏你执行一套完整的计划，还会让你头脑不清地不断地围绕这个错误的锁仓东奔西走。你必须知道，一笔交易结束了就是结束了，错了就是错了，总是围绕一个错误的仓位打转，只能虚耗你的精力，削弱你对规则的执行能力。

记住，错了就认了，这要比你不断地围绕一个错误来来回回兜圈圈好得多，不要像个没头的苍蝇一样围着一个错误打转。因为交易的本身就隐藏着很多的不确定性，减少不确定性的唯一办法就是尽量简化交易的思想和一些不必要的程序，不断地增加交易的程序只会增加更多的漏洞和错误。在投机交易中控制"心"和运用"脑"的能力同样重要，你必须想尽一切办法降低所有因素对"心"和"脑"形成的不利影响，始终保持心情坦然和头脑清醒，过多地掺入一些并不可靠的程序，只能虚耗"心"和"脑"的能量，削弱你的分析能力和应对事物的反应能力。

第二节 正确设定止损点位，
会让你对未来的风险心中有数

Section2

保护本金安全，这是投机市场的一号法则，也是很多投机者都免不了要提及的一个重要问题。要做成功的投机者，你就必须要学会如何处理亏损的仓位，你必须在入局之前就为有可能出现的亏损做好准备，不要寄希望于一击即中。综合全国的预测高手，我还没有见到过哪一个人的预测能够持续超过50%，如果你有兴趣，可以总结一下你的交易记录或用笔做好记录，自己预测一下试试看。

所以，最好的方法就是在你入局之前确定好止损的数目和标准，聪明的投机者在入市之前就知道自己在什么情况下出局，而愚蠢的投机者总是不计后果地进入之后，在行情出现不利时才开始考虑怎么办。

但我们如何确定止损的金额和幅度呢？我看到很多投机者对于止损的金额和止损的幅度都是脱节的，换言之，他们不会计算止损金额、止损幅度与总资金之间的关系，导致自己总是能凭着感觉来建立一切过头的仓位，承担一些过头的风险，最终被市场扫地出门了。

那么到底如何科学而合理地确定止损的幅度与金额呢？这首先要从你的总资金量谈起。

在上面我们提到了，每次的亏损不能超过总资金的2%，因为超过这个数目，比方设定了总资金的10%作为一次止损的金额，那么一旦你遇到一连串的亏损，可能很快就爆仓了。要知道在期货市场中因为其双向交易的特性，你经常会遇到一连串的错误，有时候你可能会遇到一段长期的连续亏损，这并不是危言耸听。我就曾遇到过一连串的7次亏损之后又连续4次亏损，那一次遭遇差一点让我一蹶不振。我所有的盈利都在那一连串的交易中消耗殆尽。因为到了那个时候，在初期你会感到恐惧，你总是在担心下一次再错了，所以你会本能地倾向于削减投入，但到了后期，你会觉得自己已经错了那么多次了，这一次可能就会正确，所以你又会倾向于加大注码，以求能够扳回先前的损失，然而一旦你顺着这条路走下去，你就彻底地走向不归路。我之所以不断声明2%亏损法则是因为期货市场中的交易错误率要比股票市场大，即便你遇到一连串的亏损，如果你能够严格遵守2%亏损法则，你就不会遭到市场的致命一击，起码有生存下去的希望。

所以，为了避免投机市场中那些必然且又经常出现的一连串的损失的干扰，削弱它们对你的资金的腐蚀，你就必须要对损失做出限定。只有将每笔交易的损失做出了必要的限定，且能够身体力行，你的亏损才是稳定的、有限的，无论行情如何发展，你的亏损都不会超出你的预期，这样的止损才是最有效的。如果仅靠自己的感觉和个人喜好就草率地以某一个幅度作为止损的标准，你永远也不可能知道如何正确地限定亏损的幅度。

正确的方法是（这一点我们曾在上面提到过，但我觉得在这里再详细解释一下，有利于提高你对2%亏损法则的认识），当你的系统发出交易信号的时候，你需要先找到止损点（依据）然后计算一下在此时的价位建仓到止损点之间的幅度是多少。也就是说，如果此时建仓一旦出现亏损，你会损失多少钱？占总资金的多少？如果你通过计算之后发现你的损失超过了总资金的2%，那么这说明你的初始仓位有点大了，如果超过了3%你就必须削减仓位，直到符合2%亏损法则。比方你有10万元，想建立一个仓位，初始仓位你打算投入3万元，但你通过计算从建仓区域到止损区域之间的距离有13%的止损幅度，也就是说你一旦止损出局，损失就达到了3900元，很明显亏损幅度较大，超出总资金2%的范围，所以你必须要将仓位削减到2万元以下，才能够接近2%亏损法则。相反，如果你通过计算之后发现从建仓区域到止损区域之间的距离有3%的止损幅度，即一旦止损出局你的止损金额为900元，这时候你就可以增加仓位，将建仓金额提升到4万元甚至5万元，因为即使这样你的止损额度依然小于总资金的2%，符合2%亏损法则。

所以，有时候建立初始仓位的多少并非一定要按照某一比例死板地建立，而是根据信号的质量和止损的大小来确定建仓的数量。如果要用一个公式来表示建仓金额，那就是：

建仓金额＝总资金×止损%÷（总资金×2%）

如果数值大于1则削减建仓数目；如果数值小于1则可增加仓位数目。

记住，始终把握2%亏损法则，然后无一例外地在盈利的头寸上加码，想尽一切办法将损失降低到最小，遏制住亏损的蔓延，而及时壮大有利的头寸，即截断损失，让盈利的仓位奔跑起来。这就是投机获利的秘诀所在！

◎ 技术指标止损方法

技术指标止损法就是当投机者的交易系统发出买入信号的同时，投机者同步设定的止损标准，即技术指标止损法的建仓信号是与止损信号相关联的，也就是说，这一信号出现了的时候就是建仓信号，但如果行情翻转迫使股价或指数的走势转变，而且指标系统也发生了转变，那么这一转变就是你的建仓信号所对应的止损信号。如图6—2—1和图6—2—2中所示。

其中图6—2—1是道琼指数（INDI）2007年2月至2007年8月的日线行情走势图；图6—2—2是道琼指数（INDI）2008年2月至2008年8月的日线行情走势图。

从图示中，我们可以看到图6—2—1所示的是一个以MACD指标金叉与价格上穿50MA平均线作为一个多头建仓的信号，而以MACD指标的DIF线行反过来下穿0轴线和价格下穿50MA平均线，作为多头止损的信号。

图6—2—2中所示的是一个以MACD指标死叉与价格下穿50MA平均线作为一个空头建仓的信号，而以MACD指标的DIF

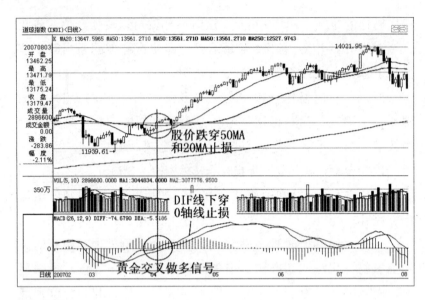

图6—2—1

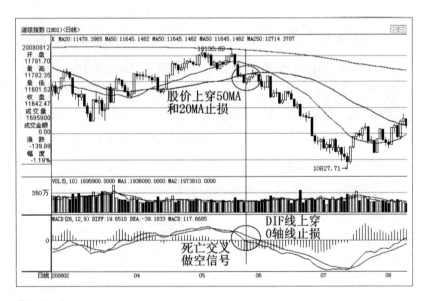

图6—2—2

线行反过来上穿0轴线和价格上穿50MA平均线,作为空头止损的信号。

上面的这组信号是一组相对复杂一些的信号模式和止

图6—2—3

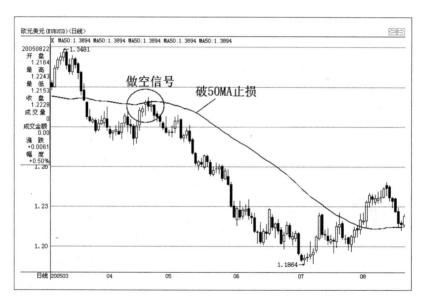

图6—2—4

损模式，而接下来的这两张图示中的建仓信号模式和止损模式，就属于一组相对简单的信号模式。如图6—2—3和图6—2—4中所示。

其中图6—2—3是欧元美元（EURUSD）2006年12月至2007年6月的日线行情走势图；图6—2—4是欧元美元（EURUSD）2005年3月至2005年8月的日线行情走势图。

从上面的图示中我们可以看到，图6—2—3所示的是一个以价格上穿50MA平均线作为多头建仓的信号，而以价格反过来下穿50MA平均线作为多头止损的信号。

图6—2—4中所示的是一个以价格下穿50MA平均线作为一个空头建仓的信号，而以价格反过来上穿0轴线和价格上穿50MA平均线作为空头止损的信号。

从上面的几张图示中，我们可以做一个总结，技术指标的止损模式通常都会与建仓的信号模式相互对立，且不可分割的，即如果你能够确定下建仓的信号，同时你也应该知道止损的信号。所以投机者在实际交易的过程中，切不可凭着感觉就随便止损或毫无根据地乱止损。一定记住，在建仓之前就要先确定好止损的标准、找到止损的位置，在你进入市场之前，就应该知道什么时候止损出局，止损的幅度是多大，只有这样你才会对那些有可能出现的亏损心中有数。

◎ 时间（周期）止损法

时间止损法，也叫做周期止损法，也就是当投机者建立仓位之后，如果行情的走势没有出现预期的变化，则止损出局。这种方法也经常会被用在日内短线交易中。

比方投机者在开盘15分钟之后，行情出现下跌，并形成一个空头建仓信号，投机者开始建立仓位，然而行情自投机者建仓之后，不再下跌了，而是不断地做横向延伸或出现不规则的波动，致使原先的信号模式失去指导作用，如果行情在半个小时之内没有出现预期中的走势，有些投机者就会退出交易，另择时机。

再比方，一个投机者看好了一个中长期的多头建仓信号，当这位投机者建立好多头仓位之后，行情开始停止上涨，并长时间地横盘整理甚至出现小幅回撤，而且行情回撤整理的周期已经大大超过了投机者本来所预期的一周或一个月、三个月的时间周期，行情的走势太糟糕了，所以为了消除隐藏的风险，这位投机者就可以采取暂时退出交易，待行情有了新的突破之后再重新建仓的方法来化解风险。

这种止损的方式有时候可能并没有给投机者带来什么损失，但如果行情在你建仓之后，其走势没有在你所预期的周期之内出现你所期望的走势，那么暂时退出来也是很有必要的，因为我始终相信，投机就像一个人在沙漠中行走，如果你走了很长时间依然没有找到你所期望的目标，那十有八九是方向错了。

◎　资金额度止损法

资金额度止损法也是很多投机者最熟悉的方法之一，其应用的法则就是投机者在建仓之前，就确定下交易亏损的金额比例。比方你是一个长线商品交易者，你建立了一个5万元的看空燃油的仓位，你决定只要投入的资金亏损额达到了2500元就止损出局，退出交易。当然，在短线期货交易中，很多投机者都会采用这种方法来止损，只是方法稍有不同。比方有一位看多橡胶的投机者，购入了5手看多橡胶的仓位，此时他就会在建仓时确定下一个50元的止损金额，即如果橡胶的价格下跌50元，他就会止损出局；相反，如果他看空橡胶，建立了一个5手橡胶的仓位，只要橡胶的价格上涨50元，他也会止损出局，此时他的亏损为250元。即以小的亏损来换取有可能出现的大行情。

◎　跟踪止损法

跟踪止损法通常被应用在加码交易中，在投机者建立的初始仓位盈利之后，就要选择一个有利的位置加码，以继续放大利润，但加码之后，行情的止损点也要随之移动。比如，我们是一个长线橡胶投机者，现在看多橡胶，建立了一个5手的初始仓位，当行情再次出现了上涨之后，我们就在橡胶的价格上涨了5%的时候，开始加码买进3手橡胶的多头合约，此时我们的止损标准也要随着行情的涨幅提升5%的幅度来设定止损点；如果行情后市的走势又出现了你所预期的上涨，在二次上涨5%的时候，我们再一次加码买进两手或一手橡胶的多头仓位，并再将止损点上移5%，这样随着行情不断上涨，每上涨5%，我们就加码一手，止损点再跟进5%，直到你认为差不多了为止。这样行情不断地上涨，我们也可以不断地加码，而止损也不断上移跟进，我们的风险就会随着行情的上涨越来越小，并最终摆脱风险，实现获利。这就是跟踪止损的优点，其实这与上面我们在"金字塔加码法"中所讲述的止损方式是相类似的。

◎ 长入短出止损法

长入短出止损法也叫做长买短卖止损法，就是采用一条长期的MA平均线作为买入的信号、趋势的考量，但依赖一条相对较短的周期MA平均线作为止损出局的理论标准。比如，我们采用行情上穿120MA平均线作为做多的建仓信号，而采用50MA（或20MA）平均线作为止损的标的，即行情上穿120MA平均线时则作为多头的建仓信号，而当行情跌破50MA（或20MA）平均线的时候则止损出局。如图6—2—5和图6—2—6中所示。

其中图6—2—5是恒生指数（HSI）2009年3月至2009年8月的日线行情走势图；图6—2—6是恒生指数（HSI）2007年6月至2007年12月的日线行情走势图。

从图示中我们可以看到，当恒生指数（HSI）的行情走势上穿120MA平均线时，我们就可以确定一波中长期的上涨趋势基本确立，形成了一个胜算较高的做多信号，此时就属于投机者开仓建多的时候。但如果行情在你建仓之后出现了反转，并跌破了50MA（或20MA）平均线就属于一个明显的止损信号，

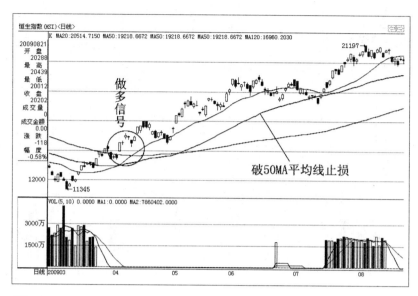

图6—2—5

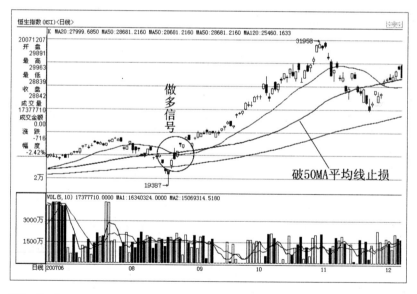

图6—2—6

投机者在此时就应该削减仓位或止损出局。

我们再来看一下图6—2—7和图6—2—8中所示做空信号止损标的。

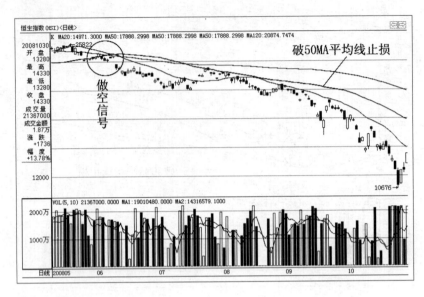

图6—2—7

图6—2—8

其中图6—2—7是恒生指数（HSI）2008年5月至2008年10月的日线行情走势图；图6—2—8是恒生指数（HSI）2004年1月至2004年7月的日线行情走势图。

从上面的图示中我们可以看到，当恒生指数（HSI）的行情走势下穿120MA平均线时，我们就可以确定一波中长期的下跌趋势，形成了一个胜算较高的做空信号，此时就属于投机者开仓做空最佳时机。但如果行情在投机者建仓之后出现了反转，并上穿了50MA（或20MA）平均线，就属于一个明显的多头止损的信号，投机者在此时就应该削减仓位或止损出局。

综合上面的讲述和图示，我们可以看到，采用长入短出止损法在交易时不但可以提高交易的胜算，还能够在行情趋势形成之后尽可能多地收获利润，不至于因为采用相同周期的MA平均线在行情中途止损时出现利润过多流失的弊端。

◎ 区域突破止损法

区域突破止损法也叫新高新低止损法，这种方法通常是一些短期短线交易者逆市交易的一种止损方法。其方法的止损要则是，当投机者发现行情走势经过一段时间的涨跌之后不再延续原先的走势，而是出现小幅度的回撤，且形成超买、超卖信号时，就开始尝试建立初始仓位，并将原先行情的最高点和最低点当做是止损出局的最后标的。即，若行情走势在投机者减仓之后，反其道而行，并再一次创出新高或新低时就属于投机者止损出局的信号。我们先来看一下图6—2—9和图6—2—10中所示的多头仓位止损法。

其中图6—2—9是欧元美元（EURUSD）2008年11月至2009年5月的日线行情走势图；图6—2—10是欧元美元（EURUSD）2008年9月至2009年3月的日线行情走势图。

从图示中我们可以看到，当欧元美元（EURUSD）的价格走势出现止跌企稳的态势后，我们从KD指标中可以看到KD指标已经进入20的超卖区域，并随着行情的企稳KD指标形成了金叉做多信号，且价格也上穿了20MA平均线，之后行情开始止跌上行。图6—2—10中的行情走势虽然出现了回撤，但却没有创出新低，所以投机者在以上两处建仓之后，只要行情没有创出

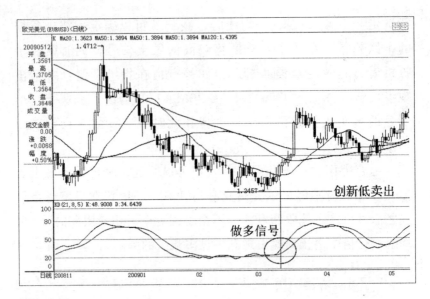

图6—2—9

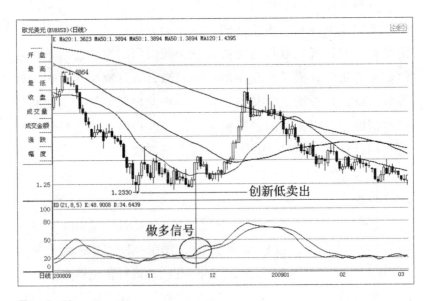

图6—2—10

新低，就应该继续持有；相反，如果此时行情出现了逆转再创新低时，就属于投机者止损出局的信号。因为这意味着行情有可能会持续其原先的下跌走势。

上面我们看到的是多头仓位的止损方法，接下来，我们再来看一下图6—2—11和图6—2—12中所示的空头仓位的止损法。

其中图6—2—11是欧元美元（EURUSD）2007年8月至2008年2月的日线行情走势图；图6—2—12是欧元美元

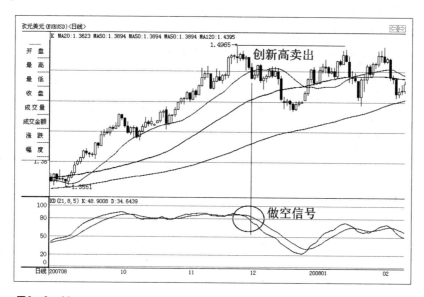

图6—2—11

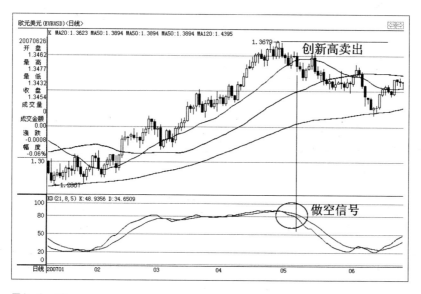

图6—2—12

（EURUSD）2007年1月至2007年6月的日线行情走势图。

从上面的图示中，我们可以看到，当欧元美元（EURUSD）的走势滞涨之后，便出现了小幅度的下挫走势，从其下方的KD指标中，我们可以看到KD指标已经进入80的超买区域，不久就形成了死叉做空信号，且价格也下穿20MA平均线，属于胜算较高的做空信号。所以投机者在以上两处建仓之后，只要行情没有创出新高，就应该继续持有；相反，如果此时行情出现了逆转，并再创新高时，就属于投机者止损出局的信号，因为这意味着行情有可能会持续其原先的上涨走势。

第七章
Chapter7

合理预期盈利目标——
保护到手利润，避免转盈为亏

第一节　设定合理的止盈
　　　　目标，拒绝贪得无厌的幻想

Section1

　　赢了还想赢，输了想翻本。这是大多数投机者都会犯的一个"流行"错误。在上面，我们曾简单提到过，当你的交易系统发出了减仓和平仓的信号时，你就必须按章执行。你不可能期望自己能够准确无误地恰好在行情的结束期平仓，然后反过来立即建立相反的仓位。所以，在你平仓以后，行情可能不会真的反其道而行，它有可能会持续原来的趋势。然而如果你是一位成熟的投机者，你就应该知道这是很正常的事情，你需要重新确定行情的走势或耐心等待你所预期的反向信号出现。

　　有经验的投机者知道，当自己建仓之后，行情如果如愿以偿地朝向你所期望的方向发展，为了避免自己出现过度的焦躁或过度贪婪，就必须提前确定好出局的标准，设定好止盈的目标，不能想当然地以自己的欲望来确定盈利的标准。换言之，聪明的投机者在建仓时就已经知道自己在什么情况下出局了。他们绝不会在建仓之后，行情出现变化时，再开始思索应该怎么办，或跟市场赌气，行情必须涨到哪里才出局。

　　相对于建仓以后的出局平仓的信号标准，我们在上面已经提到过很多，在这里我想多讲述一下止盈的问题。因为止盈对于期货投机者而言，也是意义非凡。但不要错误地认为止盈就是要确定下获利的点位，当行情达到这个点位的时候就应该出局，如果你这样理解止盈，那你必定会被其所伤，因为止盈的实质本来就不是这样简单地确定一个点就行了。它是一个范围。如果你确定下了一套适合自己的交易系统，那你一定知道在什么情况下出局。然而，对于资金较多的投机者来说，他根本就不可能一次性地将所有的仓位平掉。我在上面曾经说过，对于一般的中小型长线投机者而言，大多数情况下建立一个仓位时，你需要分两步进行，即初始仓位和加码仓位，甚至还要有再一次的加码仓位。因为只有这样，你才能够尽可能多地逃避风险，以削弱风险对你的影响。然而在平仓的时候，你就要尽可能快地平仓，大多数情况下一次平仓都是正确的且合理的，你不能像持有看涨仓位的股票那样，在一个非常高的区域持续几天甚至几个月地平仓，因为一张期货合约的交割期是有限制的，如果你想长期持有就必须要及时换月，这对于一个短期交易的投机者来说似乎比较容易。但对于一个持有大量仓位的大投机者来说就不那么容易了，因为它的平仓不可能像小投机者那样灵活，可以等到信号完全出现之后再开始快速平仓。要知道大投机者的仓位太大时，当他等到出现平仓信号再开始平仓的时候，行情可能已经跌了一大截了，甚至已经没有多少对冲的仓位让他对冲了。比方，一个大资金的投机者在建立了5000张玉米的看空合约之后，当他的系统发出空头平仓信号时，很多投机者的交易系统很可能也会在不久就发出空头平仓信号，而那些还在等待行情转势的投机者的系统中也会出现后市看涨的建多信号。大多数做空的投机者都会在这个时候买进多头仓位平仓，甚至平空翻多，而那些看多后市的多头交易者则会在这个时候建立新的多头仓位，这样就必定会导致行情快速上涨，甚至出现涨停，这样几天下来，这位投机者在这笔交易中所赚取的利润就会消耗殆尽。

所以他们必须要学会止盈，就是当行情运行到接近预期的目标范围之内时，虽然没有出现反转的信号，也要开始逐步平仓，可能行情还会继续下跌，但他们依然会继续平仓。换言之，此时每当行情下跌一定的幅度，他们就会平掉一部分仓位，一直到只剩下30%以内的仓位，并且这一部分仓位还要确保能够及时平掉时，才会保留到最后。换言之，如果你的仓位较多的话，你必须要学会止盈，当盈利已经很客观的时候，或已经接近你的预期时，就要开始筹划平仓，并在行情的走势超越你的止盈预期，还在一如既往地延伸时，逆势减仓，一直到减持到你认为合理的程度时再停止，然后耐心地持有剩余仓位，静待平仓信号的出现。

所以，有的投机者说，既然趋势在继续就应该一直持有，等出现明显的平仓信号时再平仓。可是你要知道，如果你是一位仓位较多的投机者，就必须要懂得止盈，以免让行情的突变导致被动。记住，止盈并不代表不顾形势地落袋为安，止盈是为了确保你在平仓信号出现之时能够及时且顺利地为出局做好充分的准备。

最后，请记住的一点是，在设置止盈时不要用一个点来限定止盈，很多投机者在止盈时通常会设置一个点，他们会想，我一定要赚到多少钱才能够出局，或者只有当行情达到多少多少点时，我才会平掉仓位。这些方法都是有害无益的。如果你这样做了，比方你设定当行情上涨到3500点时我再止盈，或者当行情上涨到3550点时我再止盈，这样就会让你的止盈非常不利，因为很多时候行情都会在仅差一点就到达某个指数的整数关口时反转向下了。即便是行情偶尔触动了你所预期的止盈点，也会因为市场中的交易量很少而快速回撤，让你无法在你所预期的点位止盈平仓；如果你在交易股指期货，行情下跌了10%，在这个时候你就可能会想："先前的高位我没有卖掉，现在失去了那么多的利润，我更不会卖掉了。"然而，这种想法却会害了你。很多投机者都是因为在盈利没有达到预期，且又失去了很多本应到手的盈利时决绝平仓，希望行情再次向好，挽回那些失去的盈利后再出局，但最终连本带利地吐了出去。投机者谨记，如果行情在接近你的止盈区域出现反转，你就必须要留意危险信号，并在这个时候正确系统地、毫不留情地收拾利润，连根带叶。

第二节　像保护本金一样保护你的盈利

Section2

在期货市场中，很多投机者都会有这样一种体会，那就是无论自己如何努力资金也没有实质性的增长，很多小心翼翼的投机者最终退出投机市场的原因不是因为亏损，而是因为总是劳而无获，对这一点我有非常深的体会。在相当长的一段时间里，我的资金都是负数，即便是偶有获利也始终挽不回损失，即使挽回损失，资金也会不见增长。换言之，我的体会就是，要想让自己的资金增值，太难了。要想把一笔小钱变大，太难了。

最终我发现，之所以导致这样的结果，除了我会犯一些规则上的错误，比如频繁交易、缺乏正确的风险意识，以及过分贪婪和过度预期之外，还有一个很多人都没有重视的错误，那就是过早地利用盈利。

大多数投机者会因急于复利而过早地使用盈利，并在出现亏损时交易频繁。比方他们有10万元的本金，在平掉多头的燃油合约之后，他们有了3万元盈余，在下一次的交易中，他们就会动用这一次的盈利，他们会以13万元的本金来应对下一次的交易。

这样做有什么不妥吗？

有！因为你还没有确定自己的资金会不会稳定增长，就急切地扩大资金的使用量，就像是一个举重运动员在还没有确定自己到底能不能举起眼前这一级别的杠铃时，就急于抓举更重级别的杠铃一样。这样得不到什么好结果。

如果你入市不久，在还没有完全掌握娴熟的交易技能之时就盲目地放大投入的资金，你就会放大下一次的交易风险。因为交易中我们无法总是连续获利，在对了一段时间之后，我们会出错，这一次你可能盈利不少，但可能会在下一次交易中出现一个较大的错误。人性的弱点通常会导致你在一段连续正确的交易之后，放松警惕，麻痹大意。当然你自己根本就感觉不到，并且你会认为自己非常警惕，非常理性，只是更有信心了而已。你会觉得什么都处于自己的掌握之中，投机也就那么回事了，你完全可以准确地把握某些有利的、颇具胜算的交易信号，资金再多些也没什么。然而这正是你滋生野心，容易出错的时候。如果你在此时不知不觉地放大资金使用量，一旦犯了错误你的成本就会增加。而这种看似不起眼的额外风险，积聚起来的效应，却会置人于死地，它会在不长的时间里不知不觉地将你辛辛苦苦得来的盈利洗劫一空。

所以投机者应该记住，在你还没有完全掌握娴熟的交易技能之时，不要轻易放大投入的比例，你必须要等到你确定了自己能够保住原有的资金，且确保能够稳定盈利的时候再开始增加投入的本金和使用盈利。因为无论是医生还是厨师，他们在投入正常的工作之前都要通过几年专业学习，在确定自己能够独当一面的时候，才会投入正常的工作之中。你什么时候看到过刚刚考上了医学院的人会迫不及待地去为病人做手术。

除了上述问题之外，还有一些人会对使用盈利博利更感兴趣，他们总是会想："反正这是赢来的钱，能博一下就博一下，搞不好还能大赚一笔。"他们甚至会在出现亏损的时候想："反正这些钱是赢来的，失去了就失去了。"通常有这种心态的人最终都会连本带利地失去。因为他们不尊重盈利，他们没有把盈利当成宝贵的后备资源，没有像保护本金一样保护已到手的利润。

在我的交易中，我通常会将盈利积累到一定的时候，才会考虑增加资金的投入量。比如我用10万元交易，我会等到盈利达到5万元时，再开始增大资金的使用量。如果我亏损了，我也会用10万元的本金将亏损赚回来之后再增加资金的使用量，我也不会在亏损之后企图通过加大注码将亏损扳回来，因为我连10万元的本金都保不住，加大注码只能增加亏损。

所以，即便是我有盈余，也会等到盈余达到总资金的50%，即10万元的本金盈利5万元时再开始使用50%的盈余进行交易，即此时的资金使用量为12.5万元。然后一直等到盈余达到6～7万元时再将投入的本金扩大到15万元左右。我必须留下一些盈余来防止自己一旦出现一个较大的错误时，还能够有足够的盈余弥补因这个错误而导致的损失。

请记住，在期货市场中，什么事情都有可能发生，如果你不学会给自己留下足够的资本以应对不时之需，给自己多留下一点缓冲的余地，一旦你犯了一个较大的错误，就很有可能前功尽弃。

谨记，当你不知道自己的盈利为何而来的时候，请不要急着投入更多。你应试着降低投入的比例，一直到你清楚地了解了这笔收入的来由。那些一时赚了大钱，但又很快吐了出去的人，通常都是因为运气有余但能力不济而从高峰跌回低谷。他们缺乏一个循序渐进的过程，仅凭激情与冲动而盲目做大，草率决策，不知道自己到底有多大能力。

第八章

Chapter8

管理你的交易行为——贯彻执行，落实为本，避免情绪干扰

第一节　制定交易计划，
提升自己循规蹈矩的能力

　　把交易当成一项工作来做，不要把交易当成运气的试金石和赌博的平台。如果你的心在交易的时候总是提到嗓子眼，那你永远也不可能处变不惊，你永远都会神经兮兮地，疑神疑鬼地恐惧。然而，随机而冲动地进出，焦躁而不安地持仓，都会导致你迈向赌博的深渊，而赌博的最终结果就是输光一切。

　　我总是不断地叮嘱自己，投机是一项事业，不是一朝一夕的事情。我应该按部就班地交易，而不是企图一夜暴富。没有哪家公司的管理者在刚刚投入生产时就想着一年将自己的公司扩大几倍；也没有哪个渔夫会想着一次捕完这一生应捕到的所有的鱼。所以我必须要极具耐心，并持之以恒。而在此期间最能够帮助我稳定心神的就是交易计划。它不但能够让我知道自己在什么时候应该做什么，也能够让我清楚地知道自己在面对一些突发问题时，应该怎么做。这无形中提升了我循规蹈矩的能力，让我逐渐摆脱了焦躁、冲动的袭扰，避免了恐慌不安的买进卖出行为。

　　我们通常会看到一些缺乏计划性的投机者，在交易的时候心中充满了不安，行情的微小波动都会导致他们疑神疑鬼。甚至街谈巷议、道听途说的一句话，都有可能让他们改变自己的主意。为了避免这些弊端，最好的方法就是用一套交易计划来规范我们的交易行为。

　　投机者必须知道，交易计划就是投机者的交易规则，你必须排除一切杂念来维护计划的执行。在执行计划的初期，是比较困难的，你不会很快地就抛却冲动的人性立刻变成一名沉着冷静的投机者。你会时不时地怀疑自己的计划、怀疑自己的规则。很多情况之下，你会在未有获利的初期执行得很好，然而一旦你的账户中有了盈余，你的心情就会焦躁，落袋为安的想法时刻会叩击你的脑壳，你会觉得只有平仓出局了，你的心才会安静下来，并且盈利越多，你就越急于平仓出局。但如果你为了平息自己的焦躁之情，在行情持续发展还没有达到你所预期的止盈区域之前就慌不择路地平仓，你就有可能永远这样了。因为这样漠视规则的行为，很容易导致你在出现亏损的时候听之任之，在盈利的时候仓皇逃窜，最终只能接受赢小钱但亏大钱的命运。

所以，在你制订好一套交易计划之后，请无论如何都要顶住压力把这个计划执行完毕。只有你将整个计划从头到尾都执行了一遍，你才能够深刻地体会到执行的好处，多执行几次不会损失你的财富，甚至你还会从中尝到一定的甜头，只有尝到了甜头，你才会心安理得地乐意执行，最终变成一个理性的有计划的投机者。

记住，纸上得来终觉浅，绝知此事要躬行！只有切身体会，才有至深感受，方能洞悉真谛！

接下来，我们就来讲述一下制订交易计划应该把握哪些要素。

首先，投机者要确定的是交易的理由和信号模式，即你为什么要交易，在什么情况下交易。如果缺少了这一点，那么你连最佳时机这个概念都没有，还谈什么交易时机。忽略交易时机的交易等于莽夫式的粗鲁。

第二，建立多少仓位？你必须要根据目前交易理由的充分程度（把握度）和信号质量来确定建仓的数量、大小。并且如果你是一名长线投机者你要善于轻仓尝试，不要一哄而入。因为这样一旦信号失效，你的损失就会很小。不会评估信号的质量，看到信号就倾囊而出，这跟傻子开枪没有什么区别。弹尽粮绝就是他们的宿命，一无所获也是预料之中。

第三，一旦错了怎么办？聪明的投机者在建仓之前就知道一旦错了怎么办，并提前确定好逃生的策略，而不是等到出现大亏之后再坐以待毙。所以提前确定下止损的标准，这样你就可以心平气和地应对错误的交易了。举一个最简单的例子，假如你是一个酒鬼，正瞒着自己的妻子在朋友家痛饮，但你却没有提前编好应对妻子质问的谎言，一旦你的妻子突然而至，你定会张口结舌、无言以对，甚至慌不择路。但如果你提前就想好了一旦被妻子撞见该怎么解释，你就会心情坦然地把谎言圆得合情合理。记住，做一个聪明的酒鬼，提前就准备好应对质问的谎言。

第四，信号有效已有盈利了，并且行情走势依然强劲怎么办？大多数投机者会在这个时候平掉自己的仓位，因为他们太焦急了，行情起起落落只会让他们的心不断地提到嗓子眼，所以一旦出现利润，他们通常会倾向于快速出局，以免利润缩水。然而大多数人难以赚到大钱的原因就是急于落袋为安而无法让盈利持续扩大。所以成熟的投机者知道，在有了能够抵挡住一定亏损的利润时，最明智的做法就是在合适的位置适当加码，以壮大有利的仓位，所以他们总是在建仓的初期善于轻仓试探，在行情明确了之后大胆加码，以最小的损失来换取最大的成果，做到小亏大赚。

第五，行情走势不太明确，但也并没有出现平仓信号时怎么办？大多数人会在这个时候没了主意，最终因犹豫寡断而丧失良机。如果你的仓位建立得较多，你可以在此时试着减仓，并在计划中将这一条予以明确地定义。比如：在什么情况下减仓多少？是一半还是三分之一，或者是百分之二十。如果行情继续这样下去该怎么办？是平仓出局，还是继续减仓？只有这样你才能够胸有成竹地应对市场中那些飘忽不定的阴霾时期。

第六，什么时候平仓出局？行情已经成长起来了，你手中的所有仓位都在盈利，并且即将到达你的止盈区域了，这时候你是否想好了在什么情况下出局？你确定了哪些信号作为出局的依据？或者你有什么样的思想和策略能够确保自己及时出局？是逐步出局还是一次性出局？这些你都应该有个定义，并在行情走势达到这些标准时按章执行。

如果你是一位入市不深的投机者，你应该在交易之前学着写写交易计划，这样不但能够提升你对交易进程的认知，也能帮助你更加深入地了解、体会各种交易策略和投机之道，提高你的思考能力和应对行情变化的能力。如果你能够长期坚持写交易计划，你一定能够体会到交易计划的好处，并很快得到思想上的开悟。如果你能够身体力行地把这些计划执行下去，并最终养成一种习惯，你就会发现自己在不知不觉中功力大增。你会发现自己此时纠正错误的时候已经没有了先前的那种不确定感，你已经知道了什么是对的，什么是错的，你已经有了自己的分辨能力，正确的真理和错误的谬论在你的眼前清晰可辨，再也不是先前的那种错了也不知为什么，对了也不知为什么，赚得一塌糊涂，赔得也一塌糊涂的尴尬境地了。

请记住，计划你的交易，然后交易你的计划。以至于将执行计划中的规则变成一种自然而然的习惯。只有这样，你才能够发现真正的错误，纠正真正的错误，笃信正确的规则，执行正确的规则。

第二节　回顾你的交易行为，重新认知你的交易过程

Section2

我们会不断地犯错误，所以我们要不断地改，而回顾交易恰恰可以帮助我们做到这一点，让我们在错误中受益，不会总是在一个地方栽跟头。

聪明的投机者通常会不断地回顾自己的交易，并试着从中找出不足和可以进一步改善的地方。因为他们知道，任何一个

投机者都无法完美无瑕地完成一笔交易，任何一笔看起来非常成功的交易中总会有些瑕疵，所以他们必须要不断地回顾、并试着提出一些更加合理的交易方法。

然而大多数人却不是这样的，他们倾向于完成交易之后就溜之大吉，并在盈利的时候无视交易中的不足，明明自己做得漏洞百出，只不过是侥幸获利，但却自认为做得非常完美。自大和容易满足的心态导致他们对自己交易的错误视而不见。

初期，我总是想不明白，一些投机者为什么不着力提升自己的交易标准，明明自己的交易技能还有很大的提升空间，可他们为什么总是满足于现状，而不是致力于将自己的交易升华成一门哲学。

最终，我明白了，因为自大的心态，导致他们无法正视自己的错误，难以否定自己。他们总是认为交易的错误事不关己，且又因为"以己度人"的心态，导致他们对自己搞不明白、想不通的事物，通常会武断地予以否定。他们认为他们理解不了的东西，别人也理解不了，而不是试着更加深入地研究一下。而这恰恰滋生了顽固否定的心态，他总是以自己能够理解的事物作为衡量其他事物的标准，过度地藐视别人的方法。他们不相信一山还有一山高。这种视别人如无物的心态，导致他们放弃了很多更有补益的知识。他们总是喜欢以自己的标准来衡量别人，并且缺乏谦卑。所以当他们无法进一步提升自己的交易技能之后，也就自然地无法提升自己的交易收益了。于是他们开始倾向于神秘主义，他们会说："没有获利和出现亏损这是运气的问题，与自己操作水平没有关系。"总之他们无论如何也不承认自己的交易有丝毫瑕疵，大多数人总是喜欢想方设法地让自己停止进步。

现实中很多投机者都会因为自己的技能见长而心生倦意，并会因为在某些时期技能和思想毫无提高产生迷惑甚至放弃努力。他们不知道无止境的知识和无止境的技能是成功的必备前提。再聪明地人也会不时地遇到一些知识上的阻碍和思想上的困惑，他们总会在某一时期遇到一些无法逾越的障碍。比方到了一定的时候，你会觉得无论怎么努力自己的思想和境界也没有一点点的进步，你再也想不出还有什么会比你目前所了解和掌握的方法更好的方法了，你再也找不出什么更好的方法了，开始进入一个迷茫的阶段。你会想，自己是不是真的已经掌握了真正的交易之道，你甚至有了自满的感觉。然而，如果你不言放弃，继续努力地研究下去，虽然很长一段时间你都一无所获，但总有一天你会在某种巧合下碰到那些足以让你豁然开朗的新方法和新思想，让你有一种醍醐灌顶的感觉。所以当你觉得无论怎么努力也无法提升自己的时候，当你认为自己什么都懂了的时候，当你感觉投机也就这么些东西了的时候，请不要放弃，继续研究下去，并不断地回顾你的交易，直到你发自内心地认为你懂了为止。因为如果你能够坚持下去，早晚你会发现那些隐藏至深的你尚未发现的智慧宝藏，让你的思想有一个质的转变。随之而来的是，因为能力和思想的进一步提升，让你的命运也出现了新的转机。

然而，自然界的不确定和偶然的随机性容易让人产生迷惑，当人的心理压力过大时，一些人就会以幻想的形式来麻痹自己，在一些毫不相关的事物间寻求关联性，以求能够找到操控未来的途径。一个典型的现象就是，在你遇到困难的时候，你更容易倾向于寻求神秘主义的帮助。很多人都会在自己的知识无法提高的时候倾向于神秘主义，倾向于寻求好运气的帮助，而不是不断地钻研下去，从根本上进一步提升自己的技能，增加成功的保证。投机技能的提高有时候就像发明，你必须要不断地检查以前的知识和你所掌握的东西有没有问题，以确保新的事物出现时你能够尽快适应，并准确应用。

所以，不要忽视你以前的交易，不要对你以前的交易报以过多的忠诚，你必须要不断地怀疑，不断地推敲，不断地思考，以便找出那些你尚未发现的各种漏洞和新问题。投机者必须知道，投机者的技能提高也会带动你运气一起提升，你一定有此体会，那就是你的技能提高了，运气也明显地变好了。然而要想让自己的能力不断提升，却是一项漫长而艰巨的工作。就像一部跑车，历经数年才能有所改进；就像一名举重运动员，练习了好长时间才能够提升一公斤。然而，当你掌握了足够的知识和超凡的技能之后的再次提高，就是常人不可及的提高了，也是境界的提高，此时你的交易技能才能进入境界，进入一个让人望而生畏、高不可攀的境界。

记住，不断地回顾你的交易，这是你不断进步的最佳途径。保存好你做过的所有操作记录，那是你最好的经验和教训的积累；不断地回顾它，你不但会从中发现很多以前从未注意到的问题，还能够清楚分明地知道以前的对错，有利于今后提升你的交易技能，升华你地交易理念。不要在刚刚掌握了一点皮毛之后就无视一切，自视清高，这样只会显露你的轻薄。

"引领时代"金融投资系列书目

书 名	原书名	作 者	译 者	定价
世界交易经典译丛				
我如何以交易为生	How I Trade for a Living	〔美〕加里·史密斯	张 轶	42.00元
华尔街40年投机和冒险	Wall Street Ventures & Adventures Through Forty Years	〔美〕理查德·D.威科夫	蒋少华、代玉簪	39.00元
非赌博式交易	Trading Without Gambling	〔美〕马塞尔·林克	沈阳格微翻译服务中心	45.00元
一个交易者的资金管理系统	A Trader's Money Management System	〔美〕班尼特·A.麦克道尔	张 轶	36.00元
菲波纳奇交易	Fibonacci Trading	〔美〕卡罗琳·伯罗登	沈阳格微翻译服务中心	42.00元
顶级交易的三大技巧	The Three Skills of Top Trading	〔美〕汉克·普鲁登	张 轶	42.00元
以趋势交易为生	Trend Trading for a Living	〔美〕托马斯·K.卡尔	张 轶	38.00元
超越技术分析	Beyond Technical Analysis	〔美〕图莎尔·钱德	罗光海	55.00元
商品期货市场的交易时机	Timing Techniques for Commodity Futures Markets	〔美〕科林·亚历山大	郭洪钧、关慧——海通期货研究所	42.00元
技术分析解密	Technical Analysis Demystified	〔美〕康斯坦丝·布朗	沈阳格微翻译服务中心	38.00元
日内交易策略	Day Trading Grain Futures	〔英、新、澳〕戴维·班尼特	张意忠	33.00元
马伯金融市场操作艺术	Marber on Markets	〔英〕布莱恩·马伯	吴 楠	52.00元
交易风险管理	Trading Risk	〔美〕肯尼思·L.格兰特	蒋少华、代玉簪	45.00元
非同寻常的大众幻想与全民疯狂	Extraordinary Popular Delusions & the Madness of Crowds	〔英〕查尔斯·麦基	黄惠兰、邹林华	58.00元
高胜算交易策略	High Probability Trading Strategies	〔美〕罗伯特·C.迈纳	张意忠	48.00元
每日交易心理训练	The Daily Trading Coach	〔美〕布里特·N.斯蒂恩博格	沈阳格微翻译服务中心	53.00元
逻辑交易者	Logical Trader	〔美〕马克·费舍尔	朴 兮	45.00元
市场交易策略	Market Trading Tactics	〔美〕戴若·顾比	罗光海	48.00元
股票即日交易的真相	The Truth About Day Trading Stocks	〔美〕乔希·迪皮特罗	罗光海	36.00元
形态交易精要	Trade What You See	〔美〕拉里·派斯温托莱斯莉·久弗拉斯	张意忠	38.00元
战胜金融期货市场	Beating the Financial Futures Market	〔美〕阿特·柯林斯	张 轶	53.00元

国内原创精品系列

如何选择超级黑马	——	冷风树	——	48.00元
散户法宝	——	陈立辉	——	38.00元
庄家克星（修订第2版）	——	童牧野	——	48.00元
老鼠戏猫	——	姚茂敦	——	35.00元
一阳锁套利及投机技巧	——	一 阳	——	32.00元
短线看量技巧	——	一 阳	——	35.00元
对称理论的实战法则	——	冷风树	——	42.00元
金牌交易员操盘教程	——	冷风树	——	48.00元
黑马股走势规律与操盘技巧	——	韩永生	——	38.00元
万法归宗	——	陈立辉	——	40.00元
我把股市当战场（修订第2版）	——	童牧野	——	38.00元
金牌交易员的36堂课	——	冷风树	——	42.00元
零成本股票播种术	——	陈拥军	——	36.00元
降龙伏虎	——	周家勋、周涛	——	48.00元
金牌交易员的交易系统	——	冷风树	——	42.00元
金牌交易员多空法则	——	冷风树	——	42.00元
十年一梦（修订版）	——	青泽	——	45.00元
走出技术分析陷阱	——	孙大莹	——	58.00元
期货实战经验谈（暂定）	——	李意坚	——	36.00元（估）
致胜之道——短线操盘技术入门与提高	——	韩永生	——	38.00元（估）
鬼变脸主义及其敛财哲学（修订第2版）	——	童牧野	——	48.00元（估）

更方便的购书方式：

方法一：登录网站http://www.zhipinbook.com联系我们；

方法二：直接邮政汇款至：北京市西城区北三环中路甲六号出版创意大厦7层
　　　　收款人：吕先明　　邮编：100120

方法三：银行汇款：中国农业银行北京市朝阳路北支行
　　　　账号：622 848 0010 5184 15012　　收款人：吕先明

注： 如果您采用邮购方式订购，请务必附上您的详细地址、邮编、电话、收货人及所订书目等信息，款到发书。我们将在邮局以印刷品的方式发货，免邮费，如需挂号每单另付3元，发货7-15日可到。请咨询电话：010-58572701（9：00-17：30，周日休息）

网站链接：http://www.zhipinbook.com

丛书工作委员会

本书工作委员会